Rioja-Weine

ECON Gourmet Bibliothek

Peter Hilgard

Rioja-Weine

ETB
ECON Taschenbuch Verlag

Bildnachweis:
Peter Hilgard, Bielefeld;
Johannes Sussbauer, Realisation: Ludwig Kaiser, München.

Der Verlag dankt Casa Delfin, Spanische Weine und
Feinkost, München, für die freundliche Mithilfe bei der
Realisierung des Bildteils.

CIP-Titelaufnahme der Deutschen Bibliothek

Hilgard, Peter:
Rioja-Weine/Peter Hilgard. – Orig.-Ausg.
Düsseldorf: ECON Taschenbuch Verl., 1989
(ETB; 24020: ECON Gourmet Bibliothek)
ISBN 3-612-24020-X
NE: GT

Originalausgabe

©ECON Taschenbuch Verlag GmbH, Düsseldorf
Oktober 1989
Umschlaggestaltung: Ludwig Kaiser
Titelfoto: Johannes Sussbauer; Realisation: Ludwig Kaiser
Rückseitenfoto: Axel Ruske
Lektorat/Konzeption: Dr. Peter Lempert
Die Ratschläge in diesem Buch sind von Autor und Verlag
sorgfältig erwogen und geprüft, dennoch kann eine Garantie
nicht übernommen werden. Eine Haftung des Autors bzw. des
Verlags und seiner Beauftragten für Personen-, Sach- und
Vermögensschäden ist ausgeschlossen.
Satz: Dörlemann-Satz, Lemförde
Druck und Bindearbeiten: Ebner Ulm
Printed in Germany
ISBN 3-612-24020-X

Inhalt

HANS-PETER WODARZ über Rioja-Weine   9

Rioja und die spanische Weinkultur   11

Die Rioja – ein geschichtsträchtiges Weinland   14

*Die Rioja – Drehscheibe zwischen Baskenland
und Kastilien*   15
*Beginn der Weinkultur in der Rioja:
Von den Phöniziern bis zu den Arabern*   16
Der Jakobsweg – eine frühe »Weinstraße«   18
*Anbauneuerungen und Transportprobleme im Mittelalter
und in der frühen Neuzeit*   21
*Manuel Quintano und
der Beginn einer neuen Epoche*   23
*Der Marqués de Murrieta –
Nobilitierung dank Qualitätswein*   25
*Der Marqués de Riscal –
Besitzer einer »französischen« Bodega*   27

Französische Reblausplage –
ein Geschenk des Himmels für den Rioja-Wein   27
Der erste Rioja-Boom   29
»Alambrado« – Schutz vor Betrügereien   30
Die Konstituierung eines Kontrollorgans
(Consejo Regulador)   33
Die ersten Bodegas   35
Die Reblauskatastrophe in der Rioja und
der erneute Aufschwung   37

Die Rioja-Geographie und das Klima   39

Rioja Alta   42
Rioja Alavesa   43
Rioja Baja   44
Das Klima der Rioja   44
Die Besonderheiten der Rioja Alta   47
   Haro   47
   San Asensio   47
   Cenicero-Fuenmayor   48
   Cuzcurrita del Río Tirón   48

Jahrgänge und Rebsorten   49

Fünfstufige Jahrgangsbewertung   49
Die (sieben) Rebsorten   51
   Tempranillo   52
   Garnacha tinta   54
   Mazuela   55

Graciano   56
Viura   57
Malvasía   57
Garnacha blanca   58
Weitere Rebsorten:
Calagrano & Co.   58

Die Weinbereitung: Von der Lese bis zum Flaschenabzug   60

Die traditionelle Art der Rioja-(Rotwein-)Bereitung   60
   Besondere Art der Kohlensäuregärung:
   Macéración carbonica   61
   Der junge »Cosechero«-Rotwein (vino joven)   63
Die »klassische« Rioja-(Rotwein-)Bereitung   64
Die Rioja-Weiß- und -Roséweinbereitung   68
Wein und Holz – die »barrica«   69
   Die »barrica« als kompliziertes Laboratorium   71
Der weitere Werdegang –
Crianza, Reserva, Gran Reserva   73
Die Reifung in der Flasche   76

Charakter der Rioja-Weine   79

»Claretes« & »Tintos« –
»Burgunder« & »Bordeaux«   79
Trinkfertig und wenig depotbeladen   81
Unterschätzte Weiße   82
Trinktemperatur und das richtige Glas   82
Der Einkauf von Rioja-Weinen   83

Die großen Bodegas und ihre Weine   87

AGE, Bodegas Unidas, S.A.   88
Bodegas Alavesas, S.A.   88
Bodegas Berberana, S.A.   89
Bodegas Berceo, S.A.   89
Bodegas Beronia, S.A.   90
Bodegas Bilbaínas, S.A.   90
Bodegas Campo Viejo de Savin, S.A.   91
Bodegas Carlos Serres, S.A.   91
Compañía Vinícola del Norte de España (C.V.N.E.)   91
Bodegas Corral, S.A.   92
Bodegas Domecq, S.A.   93
Bodegas El Coto, S.A.   93
Bodegas Faustino Martínez, S.A.   93
Bodegas Federico Paternina, S.A.   94
Bodegas Franco-Españolas, S.A.   95
Bodegas Granja Nuestra Señora de Remelluri, S.A.   95
Bodegas La Rioja Alta, S.A.   95
Bodegas Lagunilla, S.A.   96
Bodegas Lan, S.A.   96
Bodegas López Agós y Cía. (Marqués del Puerto)   97
Bodegas Marqués del Murrieta, S.A.   97
Bodegas Martínez Bujanda, S.A.   98
Bodegas Martínez Lacuesta, S.A.   98
Bodegas Montecillo, S.A.   99
Bodegas Muga, S.A.   99
Bodegas Murua, S.A.   100
Bodegas Olarra, S.A.   100
Bodegas Palacio, S.A.   101
Bodegas Palacios Remondo, S.A.   101
Bodegas R. López Heredia Viña Tondonia, S.A.   102
Bodegas Ramón Bilbao, S.A.   102
Bodegas Real Junta, S.A.   103
Bodegas Riojanas, S.A.   103
Bodegas Rioja Santiago, S.A.   104
Bodegas Sierra Cantabria, S.A.   104
Union Viti-Vinícola, S.A.   105
Viña Salceda, S.A.   105
Viñedos del Contino, S.A.   105
Vinos de los Herederos del Marqués de Riscal, S.A.   106

Glossar   107

HANS-PETER WODARZ

über

Rioja-Weine

*D*ie *Weine aus der Rioja könnten die Winzer aus Bordeaux in der Zukunft das Fürchten lehren. Sie gehören schon jetzt zu den interessantesten Rotweinen der Welt. Zum ersten Mal gelangte der Rioja-Wein zu großem internationalem Ruhm, als die Weingärten von Bordeaux in den Jahren des 19. Jahrhunderts von der Reblausplage verwüstet worden waren. Damals standen die französischen Händler Schlange, um in der Rioja Wein zu kaufen. Nachdem die Krise überwunden war, wurde es ruhiger um den Rioja. Einige unerfreuliche Skandale zu Beginn unseres Jahrhunderts trugen dazu bei, sein Renommee wieder zu erschüttern. Aber seit etwa 30 Jahren ist er machtvoll im Kommen. Neue Kellertechniken, gewaltige Investitionen und ein hohes Qualitätsbewußtsein machen den Rioja-Wein zu einem ernsthaften Bewerber um die Gunst der Rotweintrinker.*

Was den Rioja über alle anderen Weine aus den südlicheren Ländern emporhebt, ist eine »Erfindung«, die ein Winzer namens Manuel Quintano 1780 erstmals anwandte. Er ließ den Wein in großen Holzfässern ruhen – was in Frankreich schon lange üblich war. So konnte das Tannin in den

Most gelangen. Es dient auch als Konservierungsmittel. Bis dahin war es üblich gewesen, Weine mit Harz und Pech haltbar zu machen, wenn man sie nicht »spritete«, das heißt mit Alkohol versetzte.

In den Wirren der Napoleonischen Kriege schliefen alle Bemühungen um eine Verbesserung des Riojas erst einmal ein. Erst 1850 begann der spätere Marqués de Murrieta, der Gründer einer heute noch bedeutenden Kellerei, wieder Holzfässer zu verwenden. Diesmal waren es die »barricas bordelesas«. Sie sind seitdem aus der Rioja nicht mehr wegzudenken. Auch in anderer Hinsicht bemühte man sich, von den Franzosen aus dem Südwesten zu lernen. So ist der Rioja von seinem Charakter her oft eine erstklassige Kopie des Bordeaux.

Heute gibt es ein strenges Reglement über den Rioja-Wein, in dem die Rebsorten, der Alkoholgehalt, die Erntemenge und die Vinifikation festgelegt sind. Der Beitritt Spaniens zur Europäischen Gemeinschaft hat dem Wein einen zusätzlichen Aufschwung gegeben. Dem Weintrinker kann das nur recht sein. Man muß den Rioja gar nicht mit dem Bordeaux vergleichen: Er hat einen ganz eigenen Charakter, und da Weintrinker die Abwechslung lieben, ist der Erfolg des Rioja gesichert.

Zusehends nimmt die Rubrik des Anbaugebiets Spanien auf den Weinkarten deutscher Spitzengastronomen zu, und in den Weinhandlungen gibt es heute schon bedeutend mehr als nur einen »Spanier«. Aus meiner Erfahrung kann ich nur sagen, daß sich bei den »Rioja«-Freunden bereits ein großes Selbstbewußtsein gebildet hat.

Rioja und
die spanische
Weinkultur

Als in Goethes Schauspiel »Faust« Mephisto von den trinkfreudigen Gesellen in Auerbachs Keller aufgefordert wird, ein neues Lied anzustimmen, gibt er zu verstehen, daß nichts leichter sei als dies, denn er komme ja gerade »aus Spanien zurück, dem schönen Land des Weins und der Gesänge«. Dies ist der vielleicht prominenteste literarische Hinweis in deutscher Sprache auf spanischen Wein als freudespendender Zechwein. Auch heute noch gilt spanischer Wein in Deutschland vielerorts als körperreich und »feurig«. Eine Ausnahme von dieser Klischeevorstellung gibt es unter Weinkennern allerdings schon seit über einem Jahrhundert: den Rioja-Wein.

Die Weinbauzonen Spaniens kann man vereinfachend in drei geographisch bzw. klimatisch abgrenzbare Bezirke unterteilen, die jeweils Weine von besonderem Charakter liefern. Der andalusische Süden ist berühmt für seine »vinos generosos« (Likörweine), deren bekanntester Vertreter der Sherry in all seinen vielfältigen Spielarten ist. Von der Mitte Spaniens, dem heißen und kargen kastilischen Hochland, bis an die Mittelmeerküsten bei Alicante und Valencia erstrecken sich die größten und produktivsten

Weinbauregionen der Iberischen Halbinsel; sie erzeugen weit über die Hälfte des gesamten spanischen Weines. Die nördlichen Weinbaugebiete liegen entlang der Flüsse Ebro und Duero sowie im galicischen Westen mit seiner »atlantischen« Witterung und im katalanischen Osten mit dem typisch »mediterranen« Klima.

Am oberen Lauf des Ebro befinden sich die 44 000 Hektar Rebland der Rioja. Ihr Name leitet sich möglicherweise (es gibt noch verschiedene andere Erklärungsansätze) von einem Nebenfluß des Ebro, dem »Rio Oja«, ab (Rioja wird übrigens spanisch »Riócha« ausgesprochen, wobei der Klang des »ch« mit dem in der deutschen Zahl »acht« identisch ist). Hier wachsen die Reben und werden die Weine gekeltert, auf die ganz Spanien mit Recht stolz ist. Im Gegensatz zum Sherry, dessen Löwenanteil der Produktion für den Export bestimmt ist, wird der Großteil der Rioja-Weine – ca. zwei Drittel der Ernte – in Spanien selbst getrunken.

In Zahlen sieht dies so aus: Von etwa 1,2 Millionen Hektoliter Wein, die jährlich in der Rioja produziert werden, wird nur knapp ein Drittel exportiert, während der Rest im heimischen Markt konsumiert wird. Der Anteil Weißwein am gesamten Umsatz beträgt etwa 10 Prozent. Etwa ein Viertel des Exportvolumens der Rioja-Weine sind heute noch Faßabfüllungen, die erst im Ausland auf Flaschen gezogen werden.

Von den 71 Ländern, in die Rioja-Weine exportiert werden, ist die kleine Schweiz mit Abstand der größte Kunde; dorthin werden jährlich über fünf Millionen Liter geliefert. Danach folgt mit 3,7 Millionen Litern England und mit 3,2 Millionen Litern Dänemark. Die Bundesrepublik importiert knapp 2,5 Millionen Liter aus der Rioja und steht damit nach den Niederlanden auf Platz fünf der Kundenliste. Die Zuwachsraten in den europäischen Exportmärkten sind – trotz steigender Preise – immer noch beträchtlich.

D *ie Rioja, am oberen Lauf des Ebro gelegen, gehört zu den nördlichen Weinbauregionen Spaniens. Nur ein Drittel der produzierten Weine wird exportiert, der Rest im heimischen Markt getrunken. Der besondere Charakter des Rioja-Weines hat ihn innerhalb und außerhalb des Landes zum Markenzeichen der spanischen Weinkultur werden lassen.*

Die Rioja –
ein geschichtsträchtiges
Weinland

Ende des 11. Jahrhunderts wurde der Name »Rioja« erstmals schriftlich erwähnt und bezeichnete damals jenen kleinen Landstrich, der vom Rio Oja bewässert wurde. Aber schon bald benutzte man ihn synonym für das ganze obere Ebrotal.

Die Rioja von heute ist im Westen von den Conchas de Haro (die Muscheln von Haro), einem Durchbruch des Ebro durch das Gebirge, begrenzt. Nördlich, etwa parallel zum Ebro, erstrecken sich die Berge der Sierra Cantabrica, des Kantabrischen Gebirges. Gegen Süden wird das Tal von der Sierra de la Demanda abgeschlossen. In seinem oberen Verlauf ist es maximal 50 Kilometer weit, während es sich nach Osten hin, etwa 120 Kilometer von den Conchas entfernt, zur Ebene, die den Namen Rioja Baja (die tiefe Rioja) trägt, öffnet.

Diese georgraphische Struktur ist für die klimatischen Verhältnisse in den einzelnen Unterbezirken, und damit für den Wein der Rioja, von entscheidender Bedeutung. Neben den Böden bestimmt das Mikroklima in den jeweiligen Regionen den Charakter und die Qualität des Mostes.

Die Rioja –
Drehscheibe zwischen Baskenland und Kastilien

Eine uralte Legende besagt, daß Noah mit seiner Arche nach der Sintflut im nahen Galicien unweit dem heutigen Santiago de Compostela gelandet sei. Zwei Generationen nach dem Stammvater der Menschheit soll sein Enkel Tobel (oder Thubal), zusammen mit einer kleinen Gefolgschaft in einem Boot von Osten kommend, das Mittelmeer überquert haben. An der Ebromündung habe die Crew einen Schiffbruch erlitten und sei in den geheimnisvollen Fluß gestürzt. Als sie der Strömung auf wundersame Weise wieder entstiegen waren, sollen sie sich in der heutigen Rioja befunden haben, wo die Schönheit der Landschaft die Seeleute derart in Erstaunen versetzt habe, daß sich einige von ihnen hier ansiedelten, während der Rest weiter in die Kantabrischen Berge und ins Baskenland gezogen sein soll.

Diese Geschichte gibt eine schöne Erklärung für die von alters her bestehenden engen kulturellen und wirtschaftlichen Bindungen der Rioja an das nördliche Baskenland. Der Name der Sierra Cantabrica leitet sich übrigens aus der baskischen Sprache ab, in der »kant« bei bedeutet und »Abre« für Ebro steht, also: die Sierra (das Gebirge) beim Ebro.

Bereits im frühen Mittelalter war die Rioja der Angelpunkt in den ökonomischen, soziologischen und geistigen Verbindungen zwischen den nördlich gelegenen baskischen Provinzen und den Königreichen Kastilien-Léon im Süden sowie Navarra und Aragón im Osten. Lange Zeit gehörte die Rioja tatsächlich zu Navarra, und der heutige

Weinort Nájera (aus dem Arabischen: das Felsennest) am Najerilla, einem weiteren Nebenfluß des Ebro, war einstmals der zweite Herrschersitz der Könige von Navarra und Kastilien. Im Kloster von Santa Maria la Real aus dem 11. Jahrhundert kann man sich anhand der Inschriften auf den Königsgräbern von der einstigen Bedeutung des Ortes ein recht gutes Bild machen. Hier liegt auch eine der berühmtesten Frauen des Mittelalters begraben: die Tochter des kastilischen Königs Alfons VIII., die als »Blanca von Kastilien« zeitweise Königin von Frankreich war und bedeutenden Einfluß auf die europäische Politik am Anfang des 13. Jahrhunderts nahm.

Beginn der Weinkultur in der Rioja:
Von den Phöniziern bis zu den Arabern

Wie überall in den Mittelmeerländern haben die Phönizier auch in die Rioja die ersten Reben gebracht. Es ist überliefert, daß phönizische Händler den Ebro hinaufgesegelt sind und dabei etwa bis zum heutigen Ort Alfaro in der Rioja Baja gekommen sind. Ob sie allerdings im Weinhandel tätig waren, ist nicht bekannt.

Zweifelsfrei dagegen ist die römische Vorliebe für spanischen Wein, der im ganzen Weltreich begehrt war und auch in großen Mengen aus Spanien importiert wurde. Calahorra, Logroño und Cenicero waren berühmte römische Siedlungen, in denen damals schon in großem Stil Weinbau betrieben wurde. Aus »Calagurris«, wie das heutige Calahorra damals hieß, stammt der römische Rhetoriker und Lehrer Marcus Fabius Quintilianus (»Quintilian«). Er wur-

*Von den 44 000 Hektar Rebland des D. O.-Bereiches
»Rioja« liegen nur etwa drei Viertel in der geichnamigen Provinz
La Rioja, der Rest verteilt sich auf die Provinzen
Alava und Navarra.*

*Das am oberen Lauf des Ebro gelegene Rebland
Rioja ist in die Weinbauzonen Rioja Alta, Rioja Alavesa
und Rioja Baja unterteilt.*

de nicht nur ein erfolgreicher Anwalt, dessen Schüler Plinius d. J. später sehr viel über die Qualitäten des damaligen Weines aus »Hispania« schrieb, sondern auch ein bedeutender Schriftsteller. Aus jener Zeit, dem 1. Jahrhundert n. Chr., stammen viele archäologische Funde, die die römische Weinkultur in der heutigen Rioja eindrucksvoll belegen.

Nach vier Jahrhunderten römischer Herrschaft gründeten die Westgoten ihr Reich auf der Iberischen Halbinsel. Nach allem, was wir wissen, haben sie die römische Weinkultur, die sie vorfanden, übernommen und weiterentwikkelt. Vermutlich sind damals im Zuge der großen Völkerwanderung auch manche Rebsorten vom Norden bzw. Osten Europas nach Spanien gekommen.

Fünf Jahre nach der Schicksalsschlacht in Andalusien am Guadalete-Fluß südlich von Arcos de la Frontera im Jahr 711, in der die Zukunft der Iberischen Halbinsel zugunsten der arabischen Invasoren entschieden wurde, war auch die Rioja fest in der Hand der Eindringlinge. Das Alkoholverbot des Korans untersagte den Genuß des Weins, und daher wird es zunächst zu einer drastischen Reduktion des Rebbaus auch in der Rioja-Region gekommen sein.

Schließlich jedoch fanden auch die Araber des Al-Andalus, wie das maurische Spanien damals hieß, Gefallen am spanischen Wein, so daß die harten Gesetze mit der Zeit nicht mehr ganz so streng ausgelegt wurden. Hinzu kam noch, daß die Rioja weitab vom Machtzentrum der maurischen Herrschaft in Córdoba lag und sich dadurch eine gewisse Selbständigkeit zurückerobern konnte, was dem Weinbau sicherlich zugute kam.

Der Jakobsweg – eine frühe »Weinstraße«

Im Zuge der Wiedereroberung (Reconquista) Spaniens durch die nördlichen christlichen Königreiche wurde im Jahr 1076 das Gebiet der Rioja von König Alfons VI. von Kastilien besetzt und unter die Statthalterschaft von Garcia Ordónez, einem späteren Widersacher des Nationalhelden »El Cid«, gestellt.

Damit begann ein neues Kapitel in der Geschichte der Rioja: Die Region gewann nach vielen Jahrhunderten der relativen Isolation wieder Anschluß an die Außenwelt. Bewirkt hatte dies die in ganz Europa erwachende Verehrung des heiligen Jakob, der seine vermeintliche Grabstätte in Santiago de Compostela, im äußersten Westen Galiciens, gefunden hatte. Entlang des »Camino de Santiago«, des Jakobsweges, pilgerten Tausende und aber Tausende aus allen Teilen des westlichen Abendlandes nach Santiago.

Als Erkennungszeichen trugen sie die »Jakobsmuschel« am Gewand. Dieser Jakobsweg oder, wie er im Spanischen auch hieß, »La Calzada« (die Pflasterstraße) führte quer durch die Rioja an Logroño und Nájera vorbei nach Burgos. Der spätere heilige Domingo de la Calzada, der der Namensgeber der heute gleichnamigen Stadt am Oberlauf des Rio Oja wurde, ließ Brücken über Najerilla und Oja bauen, kümmerte sich um die Befestigung des Jakobsweges in diesem Bereich und errichtete schließlich im heutigen Santo Domingo de la Calzada ein Hospiz für die Pilger. Dieses existiert noch heute als Parador Nacional, ein unter staatlicher Regie geführtes Hotel.

Mit dem heiligen Dominik, der übrigens wegen seiner

straßenbaulichen Tätigkeiten zum Schutzpatron der Straßenarbeiter wurde, ist eine erbauliche Geschichte verbunden, der sich kein Besucher von Santo Domingo entziehen kann. In der Kathedrale entdeckt man gegenüber dem prächtigen Grabmal des Heiligen eine Kuriosität: einen kunstvoll verzierten Hühnerkäfig, in dem für gewöhnlich sogar ein von frommen Bauern gestifteter Hahn und eine Henne sitzen, die aus voller Brust krähen und gackern.

Die dazugehörende Legende berichtet von einer Familie, Vater, Mutter und Sohn aus dem Rheinischen, die auf ihrer Pilgerreise in der Herberge Station machte. Die Tochter des Wirtes verliebte sich augenblicklich in den jungen Mann, der all ihren Annäherungsversuchen tapfer Widerstand leistete. Aus Ärger darüber packte die liebestolle Wirtstochter ihm heimlich einen silbernen Becher in seinen Pilgersack, und als er das Haus am nächsten Morgen wieder verlassen hatte, wurden alsbald Häscher ausgesandt, um den vermeintlichen Dieb zu stellen. Nach kurzem Prozeß sollte er für seine Tat gehängt werden, aber Santo Domingo, dem ja die Unschuld und Keuschheit des Burschen bekannt war, hielt ihm die Hände unter die Füße. Als die Eltern sahen, daß ihr Sohn am Galgen noch lebte, baten sie den Richter, ihn abschneiden und mitnehmen zu dürfen. Der Rechtshüter aber hatte sich gerade zu Tisch begeben und war im Begriffe, ein mittelalterlich opulentes Mahl in Form eines gebratenen Hahnes und einer Henne zu verzehren. Mürrisch entgegnete er: »Euer Sohn ist so mausetot wie diese Hähnchen hier.« Im gleichen Augenblick wuchsen den beiden Tieren Flügel, und sie flatterten davon. Man kann sich vorstellen, daß der Richter den Gehenkten sofort freigab.

Diese Geschichte ist im Zusammenhang mit der Weinkultur der Rioja aufschlußreich, denn sie zeigt, daß auf jener »Calzada« Menschen aus allen Teilen Europas wanderten, mit denen auch Händler und Emigranten kamen. Insbesondere aus dem nördlichen Nachbarland Frankreich siedelten sie sich entlang des Jakobsweges, der gelegentlich sogar »Camino Francés« (Französischer Weg) genannt wurde, an, und noch heute kann man in Logroño im »Barrio de Francos« (dem Franzosenviertel) einige Häuser aus jener Zeit bewundern. Mit ihnen ist auch erstmals französische Weinkultur in die Rioja gekommen.

Einer der Ausgangsorte der »Calzada« lag ja in Saint-Emilion und ein anderer im Rhonetal bzw. in Burgund. Die Benediktiner aus dem burgundischen Cluny, deren Weinverstand schon sprichwörtlich war, haben sich entlang des Jakobsweges niedergelassen und ein ganzes Netz von Kirchen, Spitälern und Herbergen für die Pilger nach Santiago de Compostela errichtet. Auch andere kirchliche Orden, allen voran die Zisterzienser, sind in die wieder christlich gewordenen Gebiete der Rioja vorgedrungen und bauten dort ihre Klöster. Meist haben sie abgeschiedene Orte irgendwo in den Anhöhen nördlich oder südlich des Ebrotals gesucht. Da der Wein schon immer eine wichtige Rolle beim Ritual des christlichen Gemeinschaftsgebetes spielte, ist es nicht verwunderlich, daß die Klöster dort bald wieder begannen, Weinbau zu betreiben. Zunächst wurde zwar nur Meßwein für den eigenen Gebrauch hergestellt, aber in kurzer Zeit entstanden daraus kleine, klostereigene Winzereibetriebe.

In den Bibliotheken der Klöster finden sich zahlreiche Handschriften, die auf den Weinbau in der damaligen Zeit hinweisen. Ein Laienbruder aus dem Bergdorf Berceo hat in San Millán gar eines der ersten überlieferten Gedichte auf Kastilisch, dem heutigen Spanisch, geschrieben, in dem er enthusiastisch ausruft: »Bien valdra como creo un vaso de bon vino« (frei übersetzt: Ich glaube, es wäre an der Zeit, ein gutes Glas Wein zu genießen). Schließlich wurde der Weinbau auch von den großen Feudalherren der Gegend übernommen und begann, eine bedeutende Rolle in den Handelsbeziehungen der Rioja mit seinen nördlichen Nachbarn zu spielen.

Anbauneuerungen und Transportprobleme im Mittelalter und in der frühen Neuzeit

Steht heute Rioja hauptsächlich für Rotwein, so wurden im Mittelalter vorwiegend Weißweine gekeltert. Die Anbauart war, wie wir aus den klösterlichen Quellen recht zuverlässig wissen, ähnlich dem heute noch in Portugal und Galicien angewandten Pergolabau. Die sogenannte Pergel- oder Dachlaubenziehung der Rebstöcke erfordert die Erstellung von Gerüsten (Pergelgerüste), an denen der Wein hochwächst. In beinahe allen Weinbaugegenden der Welt wird dieses Verfahren noch zu dekorativen Zwecken, z.B. als Terrassenüberdachung, angewandt, in der Rioja war es bis ins späte Mittelalter die wichtigste Art des Rebbaus. Gerade in wärmeren Klimazonen eignet sich diese Erziehungsform besonders für Reben, die zur Weißweinherstellung verwandt werden, denn während der Reifungsperiode hängen die Trauben im Schatten des eigenen Laubes und werden vor übermäßiger Sonneneinstrahlung geschützt.

Dadurch bleiben sie relativ zuckerarm und liefern trockene und säurereiche Weine.

Weil der Pergolabau die Bewässerung der Rebstöcke erfordert, konnte nur in der engsten Nachbarschaft der bewohnten Gebiete, wo man leichten Zugang zu Wasser hatte, Weinbau betrieben werden. Ein weiterer Grund, nur im Bereich der befestigten Anlagen eines Klosters oder eines Dorfes Wein anzubauen, lag in der damaligen Unsicherheit der ländlichen Gegenden. Banditen, Freischärler und anderes Gesindel zogen kreuz und quer durch das Ebrotal und raubten, plünderten und verwüsteten die Ländereien überall dort, wo sie keinen ernsthaften Widerstand vermuteten.

Erst als sich im 14. Jahrhundert die politischen Verhältnisse zu stabilisieren begannen, konnten die Bauern daran denken, auch das Land außerhalb ihrer umgrenzten Siedlungen zu bestellen. Damit hielten im ausgehenden Mittelalter die tiefer wachsenden Rebsorten und Erziehungsformen Einzug in die Rioja. Die Befriedung des Landes nach den Jahrhunderten politischer Wirren hatte noch einen anderen, ganz wesentlichen Einfluß auf die Weinbaugeographie der Rioja, nämlich die langsame Verlagerung der Rebgärten von den Höhen um die Klöster in den Bergen hinunter in das Ebrotal. Diese »Säkularisierung« des Rebbaus war eine der Voraussetzungen für die spätere große Entwicklung der Rioja-Weinkultur.

Mit dem Aufstieg des spanischen Kolonialreiches im 16. Jahrhundert infolge der Eroberungen in Mittel- und Südamerika hatte es eine Zeitlang den Anschein, als habe die Rioja ihren ersten großen Exportboom vor sich. In den territorialen Neugründungen jenseits des Atlantiks wollten die Conquistadores (Eroberer) und Siedler nicht auf ihren spanischen Wein verzichten, und so begann man, von der baskischen Hafenstadt Bilbao aus den Wein nach Übersee zu exportieren. Leider stellte sich bald heraus, daß fast jede Schiffsladung mit Weinfässern aus der Rioja an Bord im Ankunftshafen nach der mehrmonatigen Schiffspassage verdorben war. Der Rioja-Wein war eben bis hinein ins späte 18. Jahrhundert ein einfacher und leichtverderblicher Landwein ohne besondere Raffinesse.

Manuel Quintano und der Beginn einer neuen Epoche

In einer Zeit relativen Friedens und politischer Stabilität in den nördlichen Provinzen Spaniens am Beginn des 18. Jahrhunderts konnte die Wirtschaft, und mit ihr der Weinbau, florieren. Um das Jahr 1750 waren bereits an die 27000 Hektar Rebland in der Rioja bebaut, die Hektarerträge waren damals allerdings noch um ein Vielfaches geringer als heute.

Aber nicht nur die Quantität spielte in jenen Tagen eine Rolle, sondern es regte sich unter den Winzern erstmals so etwas wie ein Qualitätsbewußtsein. So ordnete z.B. der Bürgermeister des Ortes Nájera 1762 an, daß in den Rebgärten der Gemeinde keine Mazuela-Trauben gepflanzt werden sollten. Der Zweck dieser Empfehlung zielte eindeutig auf Qualitätsverbesserung hin, denn die Mazuela-Traube, die es heute in dieser Gegend noch in kleinen Mengen gibt, liefert recht grobe Weine mit hohem Tanningehalt, während schon damals die Tempranillo als besonders feine Rebsorte galt.

Auch das Transportproblem sollte Ende des 18. Jahrhunderts gelöst werden, dank eines Mannes, der ein offenes Ohr für moderne Weinbaumethoden hatte. Don Manuel Quintano stammte aus Labastida in der heutigen Rioja Alavesa, und vom Hörensagen wußte er, daß man an der Gironde neue Methoden der Weinherstellung erfolgreich ausprobierte, die zu einer Veresserung der Weine mit größerer Haltbarkeit führten. Quintano brachte eine kleine Gruppe von Rioja-Winzern dazu, sich mit den französischen Methoden auseinanderzusetzen.

Erstmals wurden die Trauben vor der Herstellung des Mostes entstielt, die Gärung wurde in Holzbehältern durchgeführt, danach erfolgte sorgfältiges Abziehen von den Gärrückständen, und schließlich ließ man den Wein in geschwefelten Eichenfässern reifen. Die Fässer waren noch nicht die typischen 225-Liter-»barricas« der späteren Jahre, sondern recht große Behältnisse mit ca. 960 Litern Fassungsvermögen. Im Jahr 1795 war es soweit: Der Frachter »La Natividad« verließ den Hafen von Santander mit einigen der erwähnten Fässer und den ersten 1500 Flaschen Rioja-Wein in Richtung Westindien. Die Ladung kam nach mehrmonatiger Schiffspassage in einwandfreiem Zustand in Übersee an. Dieses Ereignis kann mit Recht als die Geburt des modernen Rioja-Weines angesehen werden. Allerdings dauerte es noch einige Zeit, bis sich die Erkenntnisse des Manuel Quintano endgültig durchzusetzen begannen.

Bereits 1787 wurde mit der Gründung der Real Sociedad Económica de Cosecheros de la Rioja Castellana (Königliche Wirtschaftsvereinigung der Winzer aus der kastilischen Rioja) ein weiterer Schritt getan. Man hatte eingesehen,

daß Fortschritte im Weinbau ohne entsprechende Absatz-
märkte und Transportverbindungen zu diesen nicht möglich waren. Dem weiteren Ausbau des Handels mit den
traditionellen Partnern im Baskenland mußte eine Verbesserung der Verkehrsverbindungen innerhalb der Rioja vor-
ausgehen. Man faßte große und ehrgeizige Pläne und
begann mit dem Straßenbau im Flußtal, um die beiden
Weinbauzentren am oberen Ebrolauf Logroño und Haro
zu verbinden. Diesem Vorhaben bereitete Napoleons Inva-
sion Spaniens ein jähes Ende, und es sollte noch über drei
Jahrzehnte dauern, bis die Straße endlich fertig wurde.

Der Marqués de Murrieta –
Nobilitierung dank Qualitätswein

Etwas über ein halbes Jahrhundert nach der legendären,
aber damals schon wieder fast vergessenen Fahrt der »La
Natividad« betrat ein anderer Mann die Bühne und sorgte
dafür, daß dem Rioja-Wein endgültig Weltgeltung verschafft
wurde. Luciano de Murrieta war eine schillernde Persönlichkeit, er kämpfte in den Karlistenkriegen aktiv auf der
Seite des Don Carlos von Bourbon und landete als politischer Flüchtling schließlich in London, wo er zwischen
1843 und 1848 lebte. In England, so sagt seine Biographie,
sei er erstmals mit den damaligen Spitzenweinen aus Bordeaux in Kontakt gekommen und seine Begeisterung dafür habe in ihm den Entschluß reifen lassen, sich nach
seiner Rückkehr in die Heimat dem Weinbau zuzuwenden,
um den französischen Standard in die Rioja zu tragen.

In London traf Don Luciano den Duque de la Victoria

aus Logroño, der nicht nur Geld und eine Bodega sein eigen nannte, sondern sich auch für Murrietas Ideen begeisterte. Als dieser 1850 zurück nach Logroño kam, bestand eine seiner ersten Aktivitäten darin, für die Bodega des Herzogs 100 kleine 72-Liter-Fässer bei einem Böttchermeister in Bilbao in Auftrag zu geben. In diesen Fässern sollte wiederum die Feuertaufe stattfinden. Wie seinerzeit die Fracht der »La Natividad« den Beweis für das Können des Don Manuel Quintano erbracht hatte, wählte nun Murrieta als Bewährungsprobe für seine Fässerwahl den Versand von je 50 Fässern nach La Habana auf Kuba und nach Veracruz in Mexiko.

In den Fässern schwamm der erste Rioja der neuen Generation. Die Fracht nach Mexiko ging leider im Sturm mitsamt dem Schiff verloren, aber die Ladung für La Habana brachte den Durchbruch. Die verwöhnten Gaumen der dortigen spanischen Kolonialherren konnten kaum glauben, was da erstmals aus der Heimat auf ihre Zechertische kam: ein frischer, fruchtiger und ausgewogener Wein, der tatsächlich seinesgleichen suchte.

Auch im Mutterland zollte man dem önologischen Wissen von Don Luciano bald Kredit, auf der Landwirtschaftsausstellung von 1857 erhielten seine Kreszenzen bereits höchste Auszeichnungen. Da ließ sich auch der Herzog de la Victoria nicht lumpen. Auf Anregung seines Gönners wurde Don Luciano in den Adelsstand befördert und nannte sich fortan Marqués de Murrieta. Im Jahr 1872 machte er sich selbständig, indem er außerhalb von Logroño, in Ygay, ein Landgut erwarb, auf dem er seine eigene Bodega errichtete. Seine Weine trugen fortan den Namen Marqués de Murrieta.

Der Marqués de Riscal –
Besitzer einer »französischen« Bodega

Der internationale Erfolg des neuen Marqués aus Logroño war spektakulär, und es dauerte nicht lange, bis die Regionalverwaltung (Diputación Foral) von Alava einsah, daß nun auch auf breiter Front etwas für den Weinbau in der Rioja geschehen mußte. Zu diesem Zweck holte sie sich Jean Pineau, einen Weinbauingenieur aus Bordeaux, der die Winzer der Region mit den französischen Weinbaumethoden vertraut machen sollte. Pineau sah jedoch seine Mission nach sechs Jahren als gescheitert an und wechselte zu Don Camilo Hurtado de Amézaga, dem Marqués de Riscal, als Verwalter von dessen Weingütern.

Jean Pineau wurde mit der Planung und Durchführung des Baus einer Bodega nach dem Muster der modernen und fortschrittlichen Anlagen des Médoc betraut. Unter der technischen Leitung von Don Ricardo Bellsola entstand nach französischem Vorbild in Elciego bald die modernste Bodega der Region. Die beiden Marquéses wurden somit zu Vorreitern einer Entwicklung in der Rioja, die infolge biologischer Katastrophen in den Rebgärten Frankreichs noch beschleunigt werden sollte.

Französische Reblausplage –
ein Geschenk des Himmels für den Rioja-Wein

Anfang der 50er Jahre des vergangenen Jahrhunderts begann der Mehltau, die Weinberge der Gironde und des Médoc heimzusuchen. Diese heimtückische Pilzkrankheit bewirkt den Samenbruch der Weinbeeren und führt zu einem erheblichen Rückgang der Ernteerträge. So war es nicht verwunderlich, daß sich französische Händler nach anderen Bezugsquellen für Wein umzusehen begannen.

Wie selbstverständlich fiel ihr Augenmerk dabei auf die Rioja. 1853 kamen die ersten »Kommissionäre« (Comisionados), also Händler, die zwar in eigenem Namen, aber auf Rechnung französischer Kellereien einkauften, in Haro an. Was sie suchten, war ein mehr oder weniger akzeptabler Wein mit hohem Alkoholgehalt, den sie zum Verschnitt mit den reduzierten Jahrgängen ihrer Heimat dorthin exportieren wollten. Bald erkannten sie aber die wahren Qualitäten des Rioja-Weins, und so kam es, daß sich viele dieser Kommissionäre in Haro niederließen und auf eigene Rechnung den Wein zu vertreiben begannen.

Die Reblaus (Phylloxera), die es jenseits des Atlantiks schon immer gab, die aber den einheimischen amerikanischen Rebsorten mit ihren widerstandsfähigen Wurzeln keinen Schaden zufügen konnte, wurde um 1860 nach Europa eingeschleppt. 1863 brach die Plage in Frankreich aus, und innerhalb weniger Jahre lagen mehr als zwei Drittel des damaligen Weinbaulandes brach.

Der Zynismus der Geschichte wollte es, daß die große Katastrophe in Gallien der Rioja und ihrem Weinbau zunächst einmal eine bis dahin ungeahnte Blüte bescherte. Als nämlich die Verwüstungen durch die Phylloxera in Frankreich die Erträge drastisch reduziert hatten und die Franzosen um die Verfügbarkeit ihres Lieblingsgetränkes zu bangen begannen, entschloß sich die Regierung kurzerhand zur Aufhebung der Einfuhrzölle für ausländischen Wein. Daraufhin brach eine wahre Flut von französischen

Händlern über das obere Ebrotal herein. Die Zeichen standen gut für die Rioja: Die Qualität der Weine konnte sich dank der Aktivitäten der beiden Marquéses mit der der französischen Anbaugebiete durchaus messen. Zudem hatten die Kommissionäre in Haro dem Rioja-Wein in Frankreich bereits eine gewisse Popularität verschafft, und schließlich waren die Transportwege im Vergleich zu jenen in andere europäische Weinbauregionen relativ kurz.

Der erste Rioja-Boom

Anfänglich beschränkten sich die neuen Händler, wie bereits ihre Vorgänger, auf den Einkauf und Export von Qualitätsweinen. Die damaligen Zentren des Weinbaus lagen in Ollauri, Brinas, San Vincente de la Sonsierra, Elciego, Fuenmayor und Haro. Letztgenannter Ort sollte bald so etwas wie die Hauptstadt der Frankreich-Exporteure werden. Nach dem Bau der Eisenbahnlinie von Tudela, dem Handelszentrum weiter östlich am Ebro in der Provinz Navarra, nach Bilbao etablierten die Händler ihre Lagerhäuser und -hallen rund um den Bahnhof von Haro. Noch heute haben einige der spanischen Nachfahren jener ersten Pioniere der modernen Rioja ihre Bodegas im »Barrio de la Estación« (Bahnhofsviertel) von Haro.

Es dauerte jedoch nicht lange, bis die Geschäftsleute merkten, daß es rentabler war, den Wein in eigener Regie herzustellen. So begannen sie bald, »Bodegas« nach französischem Muster zu bauen, in denen die Herstellungs- und Ausbaumethoden des Bordelais Anwendung fanden. Die einheimischen Winzer betrachteten diese Entwicklung mit großem Interesse und waren bereit, auch selbst daran teilzunehmen.

Viele der heute berühmten Rioja-Bodegas sind aus jenen französischen Firmen hervorgegangen. Damals, im ausgehenden 19. Jahrhundert, gab es sogar ambitionierte Geschäftsleute, die in der Rioja die Wiedergeburt der bereits totgeglaubten französischen Weinkultur zelebrieren wollten: Champagner wurde unter der Bezeichnung »champaña« nach dem traditionellen Verfahren hergestellt, und in Alfaro in der Rioja Baja etablierte sich eine Cognac-Fabrik. All diese Aktivitäten waren allerdings weit weniger erfolgreich als der Weinbau.

In den »fetten Jahren« der Rioja wurden monatlich mehr als eine halbe Million Hektoliter Wein über die Grenze nach Frankreich exportiert – fast doppelt soviel wie die heutige gesamte Jahresausfuhr! Der absolute Rekord wurde im Jahr 1891 mit insgesamt 9 700 000 Hektolitern erreicht, und es ist verständlich, daß man von seiten der Regionalregierung alles tun wollte, um diesen Boom, so gut es ging, auszunutzen. Um die Weinbauern zu motivieren, in den weiteren Ausbau ihrer Rebgärten zu investieren, hob man die Importzölle für Getreide auf. Damit sollte erreicht werden, daß selbst die Getreidefelder der Rioja in Rebgärten umgewandelt würden.

»Alambrado« – Schutz vor Betrügereien

Einen ganz wesentlichen Unterschied zur Gegenwart stellten die Verkaufspraktiken jener ersten Jahre des Booms dar: Man füllte nur die besten Weine, in ganz kleinen

Mengen, direkt in der Bodega auf Flaschen – meistens auch nur für einige ausgesuchte Privatkunden –, während der Rest im Faß zu seinem Bestimmungsort gesandt wurde. Die Abfüllungen erfolgten dann in den Betrieben des Käufers, wobei es durchaus üblich war, daß ein Mitarbeiter der spanischen Bodega den Wein begleitete und die Abfüllung im Ausland persönlich überwachte. Häufig brachte er Flaschen, Etiketten und Korken aus Spanien mit, um die Authentizität der Abfüllungen so weit wie möglich zu gewährleisten.

Aus jenen Jahren stammt auch der sogenannte *alambrado* (eigentlich »Drahtzaun«), ein Drahtgeflecht um die Flaschen, das die Aufgabe hatte, ein betrügerisches Öffnen mit Austausch des Inhalts zu verhindern. Ursprünglich war der »alambrado« ein Zeichen der Noblesse des Weines, denn er war der sichtbare Beweis dafür, daß es sich lohnte, ihn zu schützen, weil er teuer und begehrt war. Der »alambrado« wurde von Hand geflochten und mit großer Geschicklichkeit um die Flasche gelegt und dabei so befestigt, daß ein Öffnen der Flasche praktisch unmöglich wurde, ohne erkannt zu werden.

Heute dient das meist maschinell gefertigte Drahtgeflecht nur noch dekorativen Zwecken und wird als Werbegag auch für billige und zweitklassige Weine benutzt. Trotzdem gibt es noch viele traditionsbewußte Bodegas in der Rioja, die ihre kostbaren »Reservas« und »Gran Reservas« in einem Drahtgeflecht verpacken und damit ihre Verbundenheit mit der Geschichte der Weinkultur des oberen Ebrotals zum Ausdruck bringen.

Es gab in jenen Jahren des ersten Booms für die Rioja-Winzer ganz konkrete Anlässe, sich um den Schutz ihrer

Produkte zu bemühen: Immer häufiger kamen Fälschungen und minderwertige Weine auf den Markt und begannen an der Reputation der Rioja-Weine zu nagen. Die große Nachfrage führte zu einer Verknappung der Arbeitskräfte, was wiederum das Ansteigen der Löhne nach sich zog und naturgemäß den Wein verteuerte. Als 1887 der Mehltau auch in der Rioja einen Teil der Ernte zu zerstören drohte, war man gezwungen, mit großem Aufwand Kupfersulfat, ein wirksames Gegenmittel, in den Weingärten einzusetzen. Auch dies war ein nicht unerheblicher zusätzlicher Kostenfaktor.

Die Preisexplosion war naturgemäß ein sehr fruchtbarer Boden für allerlei Betrügereien. Die Weine wurden teilweise mit Wasser verdünnt, ihr Alkoholgehalt mit billigem Fusel wieder erhöht und die Farbe mit dem giftigen Farbstoff Fuchsin intensiviert. Ein Großteil des Verschnittalkohols kam aus deutschen Kartoffelschnapsbrennereien, und es läßt sich nachrechnen, daß in jenen Jahren etwa eine Million Hektoliter billigen Alkohols die Grenzen Spaniens zur »Rioja-Herstellung« passiert haben müssen.

Dies war einer der ersten großen Weinskandale Europas. Diese widrigen Umstände führten bei der Mehrzahl der Winzer zu der Forderung nach Einrichtung einer wirkungsvollen Kontrollbehörde, die diesem Schwindel ein Ende bereiten konnte. Es sollte aber noch bis zum 16. Mai 1902 dauern, bis der erste königliche Erlaß über eine definierte Herkunftsbezeichnung für Rioja-Weine veröffentlicht wurde. Damit war eine Entwicklung vorgezeichnet, die schrittweise zu einer der striktesten und am besten kontrolliertesten Herkunftsgarantie Spaniens führte.

*Ein Rioja-Topgewächs aus den
Bodegas Bermeja.*

Mittlerweile sind fast alle Bodegas der Rioja durch einen oder mehrere Importeure auch in der Bundesrepublik vertreten. Gute Rioja-Tropfen kann man daher in beinahe jeder Weinfachhandlung erstehen.

*Alte Rioja-Weine reichen in der Qualität durchaus an die
Topgewächse aus der Bordeaux-Region heran.*

Die Konstituierung eines
Kontrollorgans (Consejo Regulador)

Bereits seit dem Mittelalter gab es in der Rioja eine gewisse Tradition der Qualitätskontrolle. König Sancho von Navarra hatte im Jahr 1102 erstmalig die Abgrenzung der Rioja-Weine gegenüber denen anderer Herkunft festgelegt, ohne daß dies allerdings mit einer rechtlich wirksamen Garantie verbunden gewesen wäre.

Die ersten Bemühungen, eine Qualitätsgarantie im heutigen Sinne in der Rioja durchzusetzen, stammen aus dem Jahr 1650 und haben in dem berühmten Anagramm der Rioja-Winzer aus jener Zeit ihren Ausdruck gefunden. Es stellt verschlüsselt die Namen der Weingutsbesitzer dar, die sich zu einer losen Interessengemeinschaft zusammengeschlossen hatten, um eine Vereinheitlichung des Weinbaus zu erreichen.

Etwa um 1790 begann die bereits erwähnte Real Sociedad Económica de Cosecheros de La Rioja Castellana ihre Tätigkeit, u. a. auch mit dem Ziel der Qualitätsförderung. In einem noch erhaltenen Rundschreiben von 1827 erinnerte sie ihre Mitglieder in klaren Worten daran, »ihre Mehrernten nicht zu exportieren, es sei denn, die Weine hätten die gleiche hervorragende Qualität, für die die Weine unserer Provinz aufgrund der besonderen Bodenbeschaffenheit und der Temperaturverhältnisse berühmt geworden sind«.

1925 wurde schließlich vom damaligen Militärdiktator General Primo de Rivera der Rioja erstmalig ein offizieller Schutz ihrer Namensbezeichnung zuteil, und ein Jahr später wurde das erste spanische Kontrollorgan seiner Art, der Consejo Regulador de la Denominación de Origen Rioja, ins Leben gerufen. Zwar hatte die Behörde noch keinerlei Machtbefugnis, um eine effektive Kontrolle durchzuführen oder gar Sanktionen zu verhängen, aber sie war immerhin eine ausbaufähige Basis.

In einem Regierungserlaß vom 24. Januar 1945 wurden dem Kontrollorgan neue Befugnisse gegeben, damit war der Grundstein für die heutige Kontrollpraxis und den neuen Rioja-Aufschwung der 70er Jahre gelegt. Der Sitz des Consejo Regulador de la Denominación de Origen Rioja ist Logroño. Der Präsident wird vom Landwirtschafts-, der Vizepräsident vom Wirtschaftsministerium vorgeschlagen. Die Winzer sind mit insgesamt fünf Mitgliedern vertreten, wobei jeweils eines die drei Rioja-Unterregionen, Rioja Alta, Rioja Alavesa und Rioja Baja, repräsentiert, während die anderen beiden für die Rioja-Genossenschaften sprechen. Weitere fünf Mitglieder werden von den Kellereien (Bodegas) und Großhändlern in den Consejo entsandt. Schließlich bestimmt das Landwirtschaftsministerium noch zwei Önologen als ständige Mitglieder, eines davon ist im allgemeinen der Leiter der Estación de Vitcultura y Enología (Staatliches Weinlaboratorium) in Haro. Seit 1972 sind alle Consejos der verschiedenen spanischen Weinbauregionen unter der Dachorganisation, dem Instituto Nacional de Denominaciones de Origen (I.N.D.O.) in Madrid, zusammengefaßt.

Die Aufgabe des staatlichen Kontrollorgans ist es, die Einhaltung der gesetzlichen Regeln über den Weinanbau und -ausbau zu überwachen und dem Verbraucher gegenüber zu garantieren, daß dies bei den entsprechend gekennzeichneten Weinen geschehen ist. Im großen und ganzen lehnen sich die Gesetze an die Regeln des Office

International du Vin (O.I.V.) in Bordeaux an, die auch die Grundlage für die französischen und italienischen Herkunftsbezeichnungen sind.

In Spanien gibt es das für alle D. O.-Regionen bindende »Estatuto de la Vid, el Vino y los Alcoholes« aus dem Jahr 1970, in dessen Rahmen sich die Rioja in einem »Reglamento« noch besondere Auflagen gegeben hat, die der Eigenart und der Tradition ihres Weinbaus Rechnung tragen. Dieses »Reglamento« gilt als das strikteste und konsequenteste in Spanien und hat dazu beigetragen, daß die Qualität der Rioja-Weine selbst im harten Konkurrenzkampf der 70er Jahre noch weiter gestiegen ist. 1979 wurde schließlich das »Reglamento de las indicaciones relativas a la calidad, edad y crianza de los vinos« für ganz Spanien verbindlich.

Die ersten Bodegas

Um das Primat, die erste noch heute existierende moderne Bodega der Rioja zu sein, streiten sich, historisch folgerichtig, die beiden »Marquéses« *Murrieta* und *Riscal.* Ihre Namen stehen am Anfang einer glorreichen Entwicklung, und es ist müßig, darüber nachzudenken, ob die längst vergessene Bodega des Herzogs »de la Victoria«, der erste Arbeitgeber des späteren Marqués de Murrieta, hier mit dazugerechnet werden soll oder nicht.

Neben Murrieta und Riscal tauchte aber sehr bald ein dritter Name auf, der es zu großem Ansehen bringen sollte: *Rafael López Heredia y Landeta.* Er stammte aus Chile, wurde in Spanien erzogen und studierte Wirtschaft und

Weinbau in Bayonne. Als er in die Rioja kam, fand er Arbeit bei dem sehr bekannten französischen Weinhändler Armando Heff im damaligen »Cantarranas«-Viertel (dem späteren Bahnhofsviertel) von Haro. Zusammen mit zwei weiteren Geschäftsleuten aus der Rioja übernahm 1881 Don Rafael die Bodegas von Heff und führte den Betrieb unter dem neuen Namen *Rafael López Heredia y Cía.* weiter. Seine ersten großen Erfolge feierte er in Mittel- und Lateinamerika, allerdings kaufte er zunächst nur von kleineren Winzern und Klöstern die Moste, die er dann selber zusammenstellte und nach französischem Stil ausbaute. Erst 1914 kam Heredia durch den Zukauf des Landgutes »Tondonia« in der Rioja Alta in den Besitz eigener Rebgärten.

Zwei Brüder aus Bilbao, Eusebio und Raimondo Real de Asua, gründeten 1879 zusammen mit dem Riojaner Isidro Corcuera die *Compañía Vinícola del Norte de España,* kurz *CVNE* genannt. Auch sie ließen sich im »Cantarranas«-Viertel nieder, wo sie ihre »französische« Bodega bauten und unter der fachlichen Leitung von Don Isidro sehr bald Weine auf den Markt brachten, die, international preisgekrönt, mit zu den großen Markenzeichen jener Pionierstage gehörten.

Die vier ersten Bodegas der modernen Rioja, Murrieta, Riscal, López Heredia und CVNE, haben bis zum heutigen Tage, trotz vieler technischer Neuerungen, die Tradition des langen Ausbauens von Weinen im Faß und in der Flasche konsequent bewahrt. Noch eine Reihe anderer Firmen, deren Gründung in die letzten beiden Jahrzehnte des 19. Jahrhunderts fällt, haben den Ruf der Rioja mitbegründet und müssen hier erwähnt werden: *Rioja Alta, Federico Paternina, Martínez Lacuesta* und die *Bodegas Riojanas.*

Die Reblauskatastrophe in der Rioja und der erneute Aufschwung

1899 brach die Phylloxera in den Rebgärten von Sajazarra, etwa zehn Kilometer westlich von Haro, aus. Zwei Jahre später, im Jahr 1901, war sie in der gesamten Rioja Alta und Alavesa verbreitet, und innerhalb kurzer Zeit waren auch dort weit über die Hälfte der Rebstöcke befallen. In dieser Situation packten die französischen Weinhändler in der Rioja ihre Koffer und zogen sich in die wiedererstehende Prosperität des Weinhandels jenseits der Grenze in ihre Heimat zurück.

In der Rioja herrschte Unsicherheit und Zweifel darüber, ob die Reiser der Tempranillo-Rebe, das wesentliche Charakteristikum der großen Rioja-Qualitätsweine, auf resistente amerikanische Rebenwurzeln aufgepfropft werden konnten. Daher experimentierte man zunächst auch mit allerlei landesfremden Sorten. Wiederum sollte die Weinbaugeschichte der Rioja mit einem bedeutenden Namen verbunden werden: Don Francisco Pascual de Quinto, ein Landwirtschaftsingenieur, wurde 1905 als Leiter des Servicio Antifiloxérico beim Kreistag bestellt, und unter seiner Aufsicht gelang es schließlich, die Tempranillo wieder, diesmal reblausresistent, zu etablieren.

Von nun an ist die Geschichte des Rioja-Weines geprägt von der langsamen, aber stetigen Entwicklung hin zur Unabhängigkeit von den einstigen französischen Vorbildern. Gleichzeitig eröffneten viele der etablierten Bodegas Büros in den beiden Großstädten Madrid und Barcelona, um von dort aus die kapitalkräftigen Märkte gezielter bearbeiten zu können. In den ersten beiden Jahrzehnten des Jahrhunderts wurden einige weitere bedeutende Bodegas wie *Enrique Bilbao, Berberana* und *Bodegas Bilbaínas* gegründet.

Die »Jahrhundredternte« 1970 bedeutete den Beginn einer neuen Epoche in der Rioja. Nach Jahrzehnten wirtschaftlicher Probleme stieg der Lebensstandard der Bevölkerung wieder an und damit auch die heimische Nachfrage nach erstklassigen Weinen. Gleichzeitig nahm der Export erheblich zu, und das lukrative Geschäft ahnend, begannen auch große Unternehmen und Konzerne, wie die Sherry-Bodegas und die Banken, in den Weinbau der Rioja zu investieren. Viele neue Bodegas wurden in jenen Jahren gegründet. Mit dem Geld kamen auch die modernen Technologien in die Rioja.

Der neuerliche Boom hatte, Gott sei Dank, nicht mehr nur die Quantität im Sinn, sondern viele der jungen Unternehmen knüpften an den alten Rioja-Traditionen an und begannen hervorragende Qualitätsweine im klassischen Stil herzustellen. In dieser vom Consejo Regulador initiierten und konsequent geförderten Politik liegt zu einem nicht unbeträchtlichen Teil der heutige weltweite Erfolg der Rioja-Weine begründet.

*D*ie Wurzeln des Weinbaus in der Rioja gehen auf die Phönizier zurück. Im 19. Jahrhundert haben die Franzosen schließlich ihre An- und Ausbaumethoden an den Ebro gebracht und damit die moderne Weinkultur in der Rioja begründet.

Die Rioja-Geographie und das Klima

Der natürlichen Begrenzung des Weinbaugebietes der Rioja mit dem Kantabrischen Gebirge im Norden und der Sierra de la Demanda im Westen bzw. Süden steht die administrative Aufsplitterung der Region gegenüber. Von den etwa 44000 Hektar Rebland des D.O.-Bereiches »Rioja« liegen tatsächlich nur Dreiviertel (33000 Hektar) in der gleichnamigen Provinz La Rioja, der Rest verteilt sich auf die Provinzen Alava (7000 Hektar) und Navarra (4000 Hektar).

Provinzen sind in Spanien Verwaltungseinheiten innerhalb größerer, autonomer Regionen, die am ehesten mit den deutschen Regierungsbezirken vergleichbar sind. Im Gegensatz zur politischen Aufteilung des Weinbaugebietes der Rioja, die historischer Willkür entspringt, entspricht jedoch die Einteilung in die Weinbauzonen *Rioja Alta, Rioja Alavesa* und *Rioja Baja* tatsächlich den besonderen Charakteristika der jeweiligen Weine.

Die Böden und die klimatischen Besonderheiten der drei Unterregionen bestimmen sowohl die Wahl der Rebsorten als auch deren Aroma- und Geschmackseigenschaften.

Das Rioja-Weinanbaugebiet

Rioja Alta

Die Rioja Alta (die Hohe Rioja) umfaßt das Gebiet südlich vom Ebro mit den Tälern der Nebenflüsse Rio Tiron, Rio Oja und Rio Najerilla. Im Osten wird es vom Rio Iregua begrenzt. Die gesamte Rioja Alta gehört zur Provinz La Rioja, und der Consejo Regulador führt die folgenden Gemeinden als zugelassene Weinbaugemarkungen an:

▷ Abalos, Alesanco, Alesón, Anguciana, Arenzana de Abajo, Arenzana de Arriba, Azofra, Badarán, Baños de Río Tobía, Bobadilla, Brinas, Briones, Camprovín, Canillas, Canas, Cardenas, Casalarreina, Cellórigo, Cenicero, Cihuri, Cordovín, Cuzcurrita de Río Tirón, Entrena, Fonzaleche, Fuenmayor, Gimileo, Haro, Herramélluri, Hornilla, Hornilleja, Hornos de Moncalvillo, Huércanos, Leiva, Logroño, Manjarrés, Medrano, Nájera, Navarrete, Ochánduri, Ollauri, Rodezno, Sajazarra, San Asensio, San Vicente, Sojuela, Sotés, Tirgo, Tormantos, Torremontalvo, Treviana, Tricio, Urunuela, Ventosa, Villalba de Rioja, Villar de Torre, Zarratón und die Enklave El Ternero im Bezirk von Miranda de Ebro in der Provinz Burgos.

Eine spanische Besonderheit in den Statuten der »Denominación de Origen« (Herkunftsbezeichnung) ist die scharfe Trennung von Weinanbaugebieten und den Orten des Weinausbaus. Im allgemeinen werden nur sehr wenige Orte für den Ausbau zugelassen, in der Rioja Alta sind dies:

▷ Abalos, Briones, Cenicero, Cuzcurrita de Río Tirón, Fuenmayor, Gimileo, Haro, Logroño, Navarrete, Ollauri, San Asensio, San Vicente de la Sonsierra.

Dem geographiekundigen Leser wird aufgefallen sein, daß die Orte Abalos und San Vicente de la Sonsierra nördlich des Ebro, also in der Zone, die man die Rioja Alavesa nennt, liegen. Diese kleine Ungereimtheit ist durch den Verlauf der Provinzgrenze von La Rioja bedingt, die ebenjenen kleinen Teil des Gebietes nördlich vom Ebro mit einschließt.

Die Böden der Rioja Alta bestehen, insbesondere in den Tälern des Tirón, der Oja und der Najerilla, aus Schwemmland (Holozän), daneben finden sich hellroter, eisenhaltiger Lehm sowie, vorwiegend östlich von Haro entlang des Ebro, recht kalkhaltiger Boden.

Rioja Alavesa

Die baskische Rioja Alavesa erstreckt sich entlang der Südhänge der Sierra Cantábrica bis hinunter zum Ebro und wird im Osten von der Provinzgrenze von Alava abgeschlossen. Offiziell sind folgende Weinbaugemarkungen zugelassen:
▷ Baños de Ebro, Barriobusto, Cripán, Elciego, El Villar de Alava, Labastida, Labraza, Laguardia, Lanciego, La Puebla de Labarca, Laserna, Leza, Moreda de Alava, Navaridas, Oyón, Salinillas de Buradón, Samaniego, Villabuena de Alava, Yécora.

Demgegenüber findet die Reifung der Weine wiederum ausschließlich in den folgenden dafür bestimmten Orten statt:
▷ Baños de Ebro, Elciego, Labastida, Laguardia, Lanciego, La Puebla de Labarca, Laserna, Oyón, Samaniego, Villabuena de Alava.

Die Böden der Rioja Alavesa sind außerordentlich kalziumreich und bestehen größtenteils aus Sandstein, Kalk, Mergel und Lehm. Mit einem Kalziumkarbonatgehalt von bis zu 45 Prozent sind sie beinahe ideale Böden für den Rebbau und liefern farbintensive sowie extraktreiche Weine.

Rioja Baja

Als Rioja Baja bezeichnet man das Rebland entlang des Ebro östlich von der Einmündung des Río Iregua bis zur Stadt Alfaro. Der Ebro bildet hier die Grenze zwischen den Provinzen La Rioja im Süden und Navarra im Norden. Die Landschaft wird, je weiter man von Westen nach Osten kommt, immer weitläufiger. Die Böden bestehen, wie in der Rioja Alta, aus Schlamm und eisenhaltigem Lehm. 37 Gemeinden sind in diesem Gebiet vom Consejo Regulador für die D. O.-Weinherstellung zugelassen, und ihr Ausbau findet in den folgenden Orten statt:
▷ Alcanadre, Aldeanueva de Ebro, Alfaro, Andosilla, Arnedo, Ausejo, Autol, Calahorra, El Villar de Arnedo, Murillo de Río, Leza, Quel, San Adrián und Tudelilla.

Das Klima der Rioja

Neben den geographischen und geologischen Besonderheiten der drei Weinbauregionen der Rioja spielen das Groß- und Kleinklima eine weitere, entscheidende Rolle für den Charakter und die Qualität der jeweiligen Weine. Die Rioja liegt in einer klimatischen Übergangszone:

Von Westen nach Osten erfolgt der Übergang vom atlantischen zum mediterranen Klima, während in Nordsüdrichtung die feucht-kalte kantabrische Klimazone an das kontinentale, trocken-heiße Klima des kastilischen Hochlandes stößt.

Der Meteorologe Philip Wagner hat sich sehr eingehend mit den klimatischen Verhältnissen und deren geographischer Zuordnung innerhalb Europas beschäftigt; dabei kam er – etwas vereinfachend – zu dem Schluß, daß eine Linie quer durch Europa verläuft, die eine sehr deutliche Trennung des gemäßigten atlantischen vom warmen mediterranen Klima ermöglicht. Diese »Wagnersche Linie« verläuft zwischen Haro und Logroño in westöstlicher Richtung quer durch die Rioja und teilt sie in zwei klimatisch recht unterschiedliche Teile.

Wer schon einmal in strömendem Regen an einem kühlen Apriltag Haro auf der Ebro-Autobahn verlassen hat und eine Stunde später in Calahorra bei strahlender Sonne und Frühlingswärme angekommen ist, wird keine Schwierigkeiten haben, die Bedeutung des lokalen Klimas auch für den Rebbau richtig einzuschätzen. Diese Unterschiede lassen sich auch in Zahlen ausdrücken: Der durchschnittliche Niederschlag beträgt in Haro etwa 520 Millimeter im Jahr, und die mittlere Jahrestemperatur liegt bei 12,7 Grad Celsius. Demgegenüber hat Alfaro nur 290 Millimeter Regen, dafür aber eine um beinahe zwei Grad Celsius höhere Durchschnittstemperatur. In Nájera, an den Ausläufern der Sierra de la Demanda, sind Temperatur und Niederschläge im Jahresdurchschnitt sogar identisch mit denen von Mainz am Rhein. Bedenkt man, daß die Rioja etwa auf der gleichen geographischen Breite wie Rom oder Istanbul liegt, werden die erwähnten klimatischen Besonderheiten sehr deutlich.

In der Rioja Alta und der Rioja Alavesa sind der Frühling und der Herbst die längsten Jahreszeiten. In den Monaten Februar bis Mai regnet es viel, danach folgt ein kurzer, heißer Sommer, der von einem milden Herbst abgelöst wird. Im Winter gibt es beinahe regelmäßig Frost. Daß der Schnee von den Kantabrischen Bergen bis an die Ufer des Ebro hinunterkommt, ist durchaus keine Seltenheit. Die Rebgärten der Rioja Alavesa haben aufgrund ihrer bevorzugten Lage an den Südhängen der Berge insgesamt etwas mehr Sonne und Wärme.

In der Rioja Baja sind die Sommer lang und trocken, die Niederschläge im Frühjahr geringer und wesentlich weniger intensiv. Frost gibt es im Winter so gut wie nie, und die Jahresdurchschnittstemperatur liegt deutlich über der der Rioja Alta und der Rioja Alavesa.

Auf der Grundlage der klimatischen Besonderheiten der drei Rioja-Regionen Alta/Alavesa/Baja läßt sich auch eine ganze allgemeine Typisierung, insbesondere ihrer Rotweine, geben: Die Weine der Rioja Alta sind leichter, säurehaltiger sowie im großen und ganzen frischer als die der Rioja Alavesa. Demgegenüber sind die Weine der Rioja Alavesa weicher, aromatischer und deutlich fruchtiger. Die Weine der Rioja Baja schließlich sind etwas weniger fein, besitzen einen festen Körper und hohen Alkoholgehalt.

Eine Sonderstellung nehmen die Weine der »Sonsierra« ein: Dieses Gebiet liegt in der Rioja Alavesa, wird aber aus verwaltungstechnischen Gründen der Rioja Baja zugerechnet.

Die Besonderheiten der Rioja Alta

Die Rioja Alta hat aufgrund ihres relativen Reichtums an Rebsorten, des von Ort zu Ort sehr unterschiedlichen Kleinklimas und der wechselnden Bodenbeschaffenheit die größten Schwankungen im Charakter ihrer Weine zu verzeichnen. Innerhalb dieses Gebietes kann man nochmals vier verschiedene Regionen ausmachen, die sich nicht nur geographisch, sondern auch klimatologisch deutlich voneinander unterscheiden. Die Städte Haro, San Asensio, Cenicero-Fuenmayor und Cuzcurrita stehen jeweils für einen besonderen Typus von Wein:

Haro
Die wichtigsten Gemarkungen des Bezirkes Haro sind die direkte Umgebung der Stadt sowie die Orte Fonzache, Villalba und Anguciana. Hier und im Rest des Bezirkes wachsen praktisch alle vom Consejo Regulador zugelassenen Reben. Die Rotweine sind von leuchtendem Rubinrot, frisch und mit einem sehr angenehmen Säuregehalt, allerdings haben sie selten ein intensives Bukett.

San Asensio
Die Stadt und ihr dazugehöriges Weinbaugebiet in hügeliger Landschaft liegen zwischen Haro und Cenicero. Auf den kalkhaltigen Böden wachsen vorwiegend die rote Garnacha- und die weiße Viura-Rebe. Hier werden die besten Rosés und sogenannten Claretes (»helle« Rioja-Weine) gemacht. Im Gegensatz zu denen aus der Rioja Baja sind sie säurereicher und von geringerem Alkoholgehalt.

Cenicero-Fuenmayor

Das Gebiet von Cenicero-Fuenmayor wird von vielen Weinliebhabern die Perle der Rioja genannt: Hier bestehen die Rebgärten zu einem großen Teil aus der Tempranillo-Traube, der unbestrittenen Königin der ganzen Gegend. Die Weine sind körperreicher als die aus Haro und säurehaltiger als die der Rioja Alavesa, zudem können sie unbeschadet sehr alt werden.

Cuzcurrita del Río Tirón

Cuzcurrita del Río Tirón ist der westlichste und am höchsten gelegene Anbaubezirk der Rioja. Hier regnet es mehr als in allen anderen Bereichen, und daher sind die Weine auch die säurereichsten. Eine vom Consejo Regulador für die Rioja-Weine nicht zugelassene Rebe, die Calagrano, wächst hier in großen Mengen. Ihre weißen, säurereichen und zuckerarmen Trauben werden ins Baskenland exportiert, wo sie außerordentlich begehrt sind für die Herstellung des *Chacolí*, eines spritzigen, grünen Weines mit geringem Alkoholgehalt (9 bis 11,5 Volumenprozent).

Man kann das Weinbaugebiet der Rioja aufgrund seiner Geographie in die Bezirke Rioja Alta, Rioja Alavesa und Rioja Baja einteilen. Die verschiedenartige Bodenbeschaffenheit und unterschiedlichen klimatischen Verhältnisse in diesen Gebieten bestimmen wesentlich den jeweiligen Charakter der Weine.

Jahrgänge
und
Rebsorten

Ein entscheidender Faktor für die spätere Qualität und den Charakter der Weine sind neben der Rebensorte die klimatischen Bedingungen im Jahreszyklus des Rebenwachstums und der Traubenreifung. Während der aktiven Vegetationszeit im Frühjahr ist der Wasserbedarf der Reben groß, und ausreichende Regenfälle sind für eine qualitativ und quantitativ gute Ernte unabdingbar. Die Sommer sollten warm und sonnig sein, und ein wenig Feuchtigkeit gegen Ende hilft der Traube, ausreichend Saft zu bilden. Während der Erntezeit muß es dann allerdings wieder trocken sein, um ein Anfaulen der Trauben zu vermeiden.

Fünfstufige Jahrgangsbewertung

Die jährliche Niederschlagsmenge bestimmt den Charakter des Weines: Als Faustregel gilt, daß unter 400 Millimetern im Jahr körperreiche Weine mit hohem Alkoholgehalt, geringer Säure und tiefer Farbe entstehen. Demgegenüber werden Weine, die aus Gegenden mit mehr als 500 Millimetern Niederschlag im Jahr kommen, eher leichter und säurebetonter ausfallen.

Das Wetter ist die größte und am wenigsten berechenbare Variable des Weinbaus. Zwar ist der Jahresrhythmus der Großwetterlagen im Norden Spaniens nicht ganz solchen Schwankungen unterworfen wie etwa in Bordeaux oder am Rhein, trotzdem gibt es deutliche Unterschiede von Jahrgang zu Jahrgang. Nach dem Rekordjahr 1970 beispielsweise folgten in der Rioja zwei katastrophale Erntejahre, in denen sommerliche Regenfälle zu Weißfäule und Mehltau – beides heimtückische Pilzkrankheiten auf den Blättern der Rebstöcke – führten und in manchen Gegenden bis zu 70 Prozent der Ernte vernichteten.

Der Consejo Regulador klassifiziert jedes Jahr den vorangegangenen Jahrgang mit einer von fünf Bewertungsmöglichkeiten: Hervorragend (H), Sehr Gut (SG), Gut (G), Durchschnittlich (D) und Mangelhaft (M). Eine Zusammenstellung der Jahrgangsbewertung der letzten 60 Jahre (siehe Tabelle, S. 51) zeigt, daß wirklich schlechte Ernten im Schnitt nur alle sieben Jahre vorkommen, während alle zwei bis drei Jahre hervorragende bzw. sehr gute Ernten eingefahren werden.

Da die Gesamtbewertungen zu einem wesentlichen Teil auch die Erntemengen berücksichtigen, kann es durchaus in »schlechteren« Jahren auch ganz hervorragende Weine geben: Der Jahrgang 1984 ist dafür ein gutes Beispiel. Man sollte daher das Erntejahr als einen groben Hinweis auf die mögliche Qualität eines Weines ansehen, dabei aber nicht vergessen, daß noch sehr viele andere Faktoren seine Güte mitbestimmen.

1920	H	1943	G	1966	D
1921	G	1944	G	1967	D
1922	H	1945	M	1968	SG
1923	D	1946	D	1969	D
1924	H	1947	SG	1970	SG
1925	SG	1948	H	1971	M
1926	M	1949	SG	1972	M
1927	M	1950	D	1973	G
1928	SG	1951	D	1974	G
1929	D	1952	H	1975	SG
1930	M	1953	M	1976	G
1931	SG	1954	G	1977	D
1932	D	1955	H	1978	SG
1933	D	1956	G	1979	D
1934	H	1957	D	1980	G
1935	SG	1958	H	1981	SG
1936	D	1959	SG	1982	H
1937	D	1960	G	1983	G
1938	M	1961	G	1984	D
1939	D	1962	SG	1985	G
1940	D	1963	D	1986	G
1941	G	1964	H	1987	G
1942	SG	1965	M		

* H = Hervorragend; SG = Sehr Gut; G = Gut; D = Durchschnittlich; M = Mangelhaft.

Die (sieben) Rebsorten

In der Rioja gibt es noch ein gutes Dutzend verschiedener Rebsorten, allerdings werden es von Jahr zu Jahr weniger, denn der Consejo Regulador läßt – mit geringen Ausnahmen – für Weine mit dem D.O.-Prädikat nur noch vier rote und drei weiße Traubenarten zu:

▷ Rote Trauben: *Garnacha tinta, Tempranillo, Mazuela, Graciano.*

▷ Weiße Trauben: *Viura, Malvasía, Garnacha blanca.*

Neben diesen gibt es die *Calagrano,* die *Miguel de Arcos,* die *Monastrell,* die *Moscatel,* die *Maturana blanca* und *tinta* sowie die *Turruntés.* Es mag erstaunen, daß die Parade-traube des Rioja-Rebbaus, die Tempranillo, nur etwa 30 Pro-zent der vorhandenen Rebfläche einnimmt, während die Garnacha tinta mit knapp über 40 Prozent immer noch die Spitzenreiterin der Rioja ist. 15 Prozent der Rebgärten produzieren die weiße Viura, und der Rest wird von den übrigen unbedeutenden Sorten bewachsen. Seit 1970 hat man wesentlich mehr Tempranillo als andere Sorten ge-pflanzt, so daß diese sicher bald auch mengenmäßig zur wichtigsten Rebe der Region aufsteigen wird.

Tempranillo
Die Tempranillo ist die klassische Rebe der Rioja. Ihr Ur-sprung liegt im dunkeln, aber es ist sehr wahrscheinlich, daß sie tatsächlich aus der Rioja stammt. Es gibt allerdings Önologen, die eine Verwandtschaft zur Pinot Noir aus dem Burgund oder der Cabernet Franc festgestellt haben wol-len, und sie nehmen daher an, daß die Tempranillo entlang des Jakobsweges im 15. oder 16. Jahrhundert aus den Weingärten der Klöster von Cluny und Citaux an den oberen Ebrolauf gekommen sei.

Im Gegensatz zu der Herkunft der Tempranillo ist die sehr enge Verwandtschaft mit anderen Rebsorten der Iberi-schen Halbinsel unbestritten und zeigt, daß man in Spa-nien den besonderen Charakter dieser Traube schon seit langer Zeit kennt und schätzt. Tatsächlich verdanken viele der besten spanischen Rotweine ihre Besonderheit den Mosten Tempranillo-verwandter Trauben.

Neben den Rioja-Weinen sind dies u. a. die Rotweine des katalonischen Bezirkes Allela, die aus der dortigen Tempranillo-Variante Ull de Llebre hergestellt werden. Auch der berühmte »Vega Sicilia« und andere Spitzenweine aus dem Gebiet von Ribera del Duero enthalten viel Tempranillo, nämlich die Tinto Fino oder Tinto del Pais. Auch die Cencibel, Grundlage der schönen Rotweine aus La Mancha und Utiel-Requena, ist die dortige Variante der Tempranillo.

Da die Tempranillo und ihre verschiedenen Abkömmlinge viel Pflege erfordern und zudem noch empfindlich für Krankheiten sind, wurden sie seit alters nur für gute Weine verwandt und sind niemals in die Massenproduktion der unzähligen Billigweine eingegangen. Dies war eine ganz natürliche Beschränkung ihrer Ausbreitung. Heute werden in Kalifornien und in verschiedenen Gebieten Australiens Anstrengungen unternommen, die Tempranillo zu etablieren, bisher allerdings mit noch zweifelhaftem Erfolg.

Ein Grund für die Annahme, daß verwandtschaftliche Beziehungen zwischen der burgundischen Pinot Noir und der Tempranillo bestehen, war u. a. die Vorliebe beider Rebsorten für ein kühleres Klima. Die Tempranillo ist gegenüber Kälte relativ resistent, und sie bevorzugt beim Anbau die Hanglage gegenüber dem ebenen Land. Sie liebt kalkhaltigen Boden, und daher kommt es, daß ihr größtes zusammenhängendes Anbaugebiet die Rioja Alavesa wurde. Aber auch in vielen Bereichen der Rioja Alta, in denen der Kalziumgehalt des Bodens ausreicht, wird die Tempranillo kultiviert. Allerdings bestehen feine, aber sehr deutliche Charakterunterschiede zwischen den Tempranillo-Mosten von diesseits und jenseits des Ebro. Während sie in der Rioja Alavesa, insbesondere in den sonnigen Hanglagen, fruchtiger und extraktstoffreicher sind, besitzen sie in der Rioja Alta eine besondere Finesse, die sich u. a. auch in einem höheren Säuregehalt ausdrückt.

Ihren Namen hat die Tempranillo übrigens von einem Vergleich mit der anderen wichtigen Rebsorte der Rioja, der Garnacha. Gegenüber dieser reift sie bereits durchschnittlich zwei Wochen früher aus, und da ihre Beeren zudem noch deutlich kleiner sind, wurde sie liebevoll »Tempranillo« getauft, was soviel heißt wie »Kleine Frühe« oder »Frühchen«. Noch in einem weiteren Punkt gibt es einen wesentlichen Unterschied zwischen der Garnacha und der Tempranillo: Letztere hat einen erheblich geringeren Gehalt an sogenannten Oxydasen, d. h. Fermenten, die die Oxydation des Weines begünstigen. Dies hat zur Folge, daß die Lagerfähigkeit von Weinen mit einem hohen Tempranillo-Anteil deutlich besser ist.

Garnacha tinta

Die Garnacha ist die in Spanien am weitesten verbreitete Rebe. Der Grund für ihre Vorzugsstellung liegt in der Unkompliziertheit, mit der sie sich Klima, Boden und anderen Umweltbedingungen anpaßt. Sie braucht wenig Pflege und ist recht resistent gegenüber Krankheiten.

Ursprünglich stammt sie wohl aus der spanischen Provinz Aragonien, von wo sie u. a. auch nach Frankreich, Italien und Nordafrika gebracht wurde. In diesen Ländern liefert sie unter den Namen Grenache oder Granaccia (in Italien gelegentlich sogar als Uva di Spagna bekannt) Moste sowohl für einfache Tafelweine als auch für bessere Sorten (der Châteauneuf-du-Pape ist z.B. ein typischer Grenache-Wein). Im D.O.-Bereich der Rioja findet man sie vorwiegend in der Rioja Baja, aber auch in einigen Gegenden der Rioja Alta, wo ihr Charakter wiederum etwas feingliedriger und säurereicher ist. Zentren des Garnacha-Anbaus in der Rioja Alta sind San Asensio und Mormejilla; die Moste sind dort eindeutig leichter und delikater als in den weiter östlich gelegenen Anbaugebieten.

Insgesamt sind Weine aus Garnacha-Trauben deutlich heller und tanninreicher als solche aus der Tempranillo. Wegen ihres geringen Farbstoffgehaltes wird ein hoher Anteil Garnacha zur Herstellung der sogenannten *Claretes,* der »hellen« Rioja-Weine, verwendet. Garnacha-Trauben für die Claretes werden häufig sogar noch früher als üblich geerntet, dadurch behalten sie mehr Säure und liefern durch den geringen Zuckergehalt alkohlärmere Weine. Im übrigen stammen von der Garnacha auch sehr fruchtige, junge Roséweine von allerdings meist nur geringer Haltbarkeit. Rotweine mit einem hohen Garnacha-Anteil, insbesondere die Reservas und Gran Reservas, die lange im Faß gelagert haben, nehmen eine charakteristische rote Farbe an, die vom Ziegel- bis zum Orangeton reichen kann.

Mazuela

Die Mazuela (auch: *Mazuelo*) ist mit der Carignan (oder Carignanne), die im französischen Midi und in Kalifornien weit verbreitet ist, verwandt. In anderen Gegenden Spaniens wird sie dementsprechend auch Cariñena genannt (nicht zu verwechseln mit dem D.O.-Gebiet von Cariñena südlich von Zaragoza, dessen Hauptrebe die Garnacha ist).

Für sich alleine genommen werden aus der Mazuela im allgemeinen recht grobe, tanninreiche Weine, denen ein ausgeprägtes Aroma fehlt. Die Trauben reifen in den ersten Oktobertagen und liefern einen tiefroten, beinahe schwarzen Most, der außerordentlich widerstandsfähig gegenüber Oxydation ist. All diese Eigenschaften machen sie zu einer idealen Partnerin der Garnacha. Die Mazuela findet sich sowohl in der Rioja Baja als auch in der Rioja Alta und liebt kalkhaltige Lehmböden.

Graciano
Diese Rebsorte ist leider im Aussterben begriffen, man findet sie fast nur noch in den älteren Weingärten der Rioja Alta und in der Nachbarregion Navarra, von wo sie wohl ursprünglich herstammt. Die Entwicklungsgeschichte der Graciano läßt sich nicht rekonstruieren, denn außer in den beiden erwähnten Regionen findet sich, soweit man weiß, auf der ganzen Welt keine Traube, die ihr verwandt ist.

Ihre Moste sind von ausgeprägter Frische und schönem Geschmack und verleihen dem Wein ein typisches Aroma, von dem manche Rioja-Liebhaber behaupten, es sei das eigentlich Charakteristische einiger der großen Rioja-Alta-Weine. Dies mag früher durchaus so gewesen sein, heute gibt es jedoch nur noch wenige Kreszenzen, die die Graciano enthalten, wobei es typischerweise sowieso nicht mehr als fünf bis höchstens zehn Prozent der gesamten Coupage (Verschnitt) sind. Der Grund für den kontinuierlichen Rückgang dieser traditionsreichen Traubensorte liegt in ihrer geringen Fruchtbarkeit und ihrem verhältnismäßig pflegeintensiven Anbau.

Viura

Die Viura ist eine in Spanien weit verbreitete weiße Traubensorte und stellt in Katalonien unter dem Namen Macabeo die Grundlage für die Cavas (nach Champagner-Methode hergestellte Schaumweine) dar. Andere, allerdings nur noch selten benutzte Bezeichnungen sind *Alcanon* oder *Alcanol.*

Im allgemeinen liefert die Viura einen fruchtigen und aromatischen Weißwein mit gutem Säuregehalt, was dazu geführt hat, daß aus ihrem Most heute in der Rioja auch junge, sortenreine Weißweine hergestellt werden. Demgegenüber wird die Viura bei den traditionellen Weißweinen der Rioja, die auch mehr oder weniger lange im Faß ausgebaut werden, mit der Malvasia und/oder der weißen Garnacha vermischt. Außerdem bestehen in der Rioja Alavesa sehr viele der klassischen Rotweine zu 5 bis 20 Prozent aus Mosten der Weißen Viura, die der farbintensiven Tempranillo Brillanz und Säure verleihen. Sie liebt kalkhaltige Böden, ist recht anspruchslos und außerordentlich fruchtbar. Ein ganz wesentlicher Vorteil der Viura ist zudem die geringe Oxydationsanfälligkeit ihrer Moste.

Malvasía

Die Malvasier-Traube ist seit den Tagen des Altertums bekannt und rings um das Mittelmeer geschätzt. Ihre Heimat liegt vermutlich in Griechenland auf einer der Ägäischen Inseln. Von dort ist sie mit den griechischen Seefahrern bereits im 5. Jahrhundert vor unserer Zeitrechnung nach Katalonien gekommen. Heute ist sie in vielen Teilen Spaniens verbreitet, und auch in den älteren Weingärten der Rioja Alta wird sie noch gepflegt.

Ihre Weine sind ausgesprochen aromatisch, alkoholreich und teilweise sogar etwas ölig; sie werden für die klassischen, faßgereiften Weißweine der Rioja fast ausschließlich zusammen mit Mosten der Viura benutzt. Ebenso findet die Malvasía bei der Bereitung von Roséweinen, meist zusammen mit der Garnacha, Anwendung. Die Moste der Malvasía alleine sind sehr oxydationsanfällig, und daher gibt es keine sortenreine Malvasier mehr in der Rioja.

Garnacha blanca
Diese weiße Rebe ist eng mit der bereits beschriebenen Garnacha tinta verwandt und besitzt demnach auch entsprechende Eigenschaften: Sie ist pflegeleicht und sehr ertragreich. Dem gegenüber stehen das schwache Aroma und die geringe Säure sowie der hohe Zuckergehalt, was die Weine aus dieser weißen Rebsorte wenig attraktiv macht. Ihr Anbau wird nicht mehr forciert, und sie verschwindet langsam aus der Rioja. Nur noch einige traditionelle Bodegas gebrauchen sie heute in geringen Mengen (maximal zehn Prozent des gesamten Mostes) für die Coupage ihrer Weißweine.

Weitere Rebsorten: Calagrano & Co.
Neben den oben beschriebenen und vom Conseja Regulador für eine Neubepflanzung zugelassenen Reben gibt es noch eine Reihe weiterer Sorten, die schon seit Urzeiten für die Weinbereitung im D.O.-Gebiet Verwendung finden und die gelegentlich noch den ganz typischen Charakter eines bestimmten Weines ausmachen. Hierzu gehört, allen voran, die weiße Calagrano (oder Calagrana), deren Haupt-

anbaugebiet an den Ufern des Río Tirón um das Dorf Cuzcurrita im Südwesten der Rioja Alta liegt. Die Moste der Calagrano können insbesondere zusammen mit Viura-Mosten Weißweine von großer Finesse ergeben, die allerdings keine große Lagerfähigkeit besitzen.

Eine der großen Merlot aus Bordeaux verwandte Rebsorte ist die Maturana, die es in der Rioja noch in geringen Mengen als rote (tinta) oder weiße (blanca) Variation gibt, allerdings wird sie nicht neu angebaut und stirbt daher langsam aus. Dagegen hat man sich der Merlot (wie auch anderer französischer Edelsorten, z. B. Cabernet Sauvignon, Pinot Noir, Chardonnay) wieder erinnert und damit in manchen Bodegas zu experimentieren begonnen. Eine Bedeutung für die kommerzielle Weinherstellung werden diese Reben in der Rioja wahrscheinlich noch lange nicht erhalten.

*D*ie Qualität der Jahrgänge kann auch in der Rioja sehr unterschiedlich sein, obwohl wirklich schlechte Ernten wesentlich seltener als in den nordeuropäischen Anbaugebieten sind. Die charakteristischen Rebsorten sind für Rotweine die Tempranillo sowie die Garnacha tinta und für Weißweine die Viura. Daneben gibt es noch andere, teilweise vom Aussterben bedrohte Sorten.

Die Weinbereitung:
Von der Lese
bis zum Flaschenabzug

E s ist ein langer Weg vom Rebstock in die Flasche des fröhlichen Zechers. Das mag im ersten Augenblick wie eine Selbstverständlichkeit klingen, ist aber gerade beim Rioja-Wein wichtig zu konstatieren. Denn nach den verschiedenen Arten der Vinifikation verbleibt der Rioja vergleichsweise lange in der Obhut der jeweiligen Bodega, die ihn erst nach mehrjährigem Ausbau in den Handel bringt.

Die traditionelle Art der Rioja-(Rotwein-)Bereitung

In der Rioja gibt es eine sehr starke Bewegung unter den Winzern (span.: »cosecheros«), den traditionellen Rotweintyp der »vorfranzösischen« Epoche wieder herzustellen, allerdings unter methodisch optimierten Bedingungen.

Ursprünglich gab man sich keine besondere Mühe mit der Aufbereitung der Reben für die erste Gärung; die ganzen Trauben wurden mit ihren Stielen einfach in eine Art Tank oder Reservoir aus vermörtelten Steinen bzw. gebrannten Ziegeln (»lago«) gegeben. Danach erfolgte die erste Pressung durch barfüßiges Austreten der Trauben.

Kurz darauf setzte dann die stürmische Gärung ein. Nach etwa einer Woche war diese im wesentlichen abgeschlossen, und der junge Wein wurde in einen Trog, die »pila«, abgefüllt. Diesen Wein aus der ersten Pressung nannte man und nennt man auch heute noch *vino de lágrima.*

Bei der Methode des Pressens durch Austreten blieben allerdings über drei Viertel der Trauben unversehrt und wurden daher, nachdem der erste Wein abgeflossen war, mit mistgabelähnlichen Instrumenten noch einmal im »lago« umgewühlt. Dadurch brachen weitere Weinbeeren auf, und eine zweite Gärung setzte prompt ein. Jetzt entstand der beste Wein, der *vino de corazón* (Herzwein); er war wesentlich dunkler und alkoholstärker als der erste. Was ihn jedoch ganz besonders auszeichnete, war seine ungeheure Frische und Frucht. Nach dem Abzug des Weines folgte die dritte Presse, die so lange wiederholt wurde, bis kein Nachlauf mehr vorhanden war. Zur endgültigen Komposition des Weines wurden Teile des »vino de lágrima«, der sehr reich an Tannin und Extraktstoffen ist, mit dem weichen und fruchtigen »vino de corazón« vermischt. In großen Eichenbottichen (»cuvas«) fand dann die Feingärung statt.

Besondere Art der Kohlensäuregärung:
Macération carbonica

Die alte Gärtechnik war nichts anderes als eine Mischform der sogenannten »macéracion carbonique« (kohlensaure Auslaugung), wie sie in den 60er Jahren dieses Jahrhunderts im industriellen Stil zur Aufbereitung des Beaujolais Primeur entwickelt wurde. Das Wesen der reinen »macéración carbonica« ist die »Autofermentation« oder die sogenannte intrazelluläre Gärung. Dabei setzt im Inneren der intakten Weinbeere ohne Zufügung der sonst üblichen Hefen eine durch bestimmte in den Trauben vorhandene Fermente ausgelöste Gärung ein.

Eine wesentliche Voraussetzung für diesen Prozeß ist allerdings die Anwesenheit einer ausreichenden Konzentration von Kohlensäure im Umfeld der Trauben; erst dadurch wird die Aktivierung der Enzyme innerhalb der Frucht möglich. Aus diesem Grunde findet die gesteuerte und industriell angewandte »macération carbonique« in Frankreich in Behältern statt, die gleich zu Anfang mit Kohlensäure aufgefüllt und danach hermetisch verschlossen werden; dabei ist wichtig, daß die Trauben möglichst schonend behandelt werden, damit ihre Schale nicht verletzt wird.

Bei dem traditionellen Gärverfahren der Rioja setzte die »Autofermentation« nach der Bereitung des »vino de lágrima« ein. Durch den ersten Gärvorgang, bei dem Zucker durch besondere Hefen in Alkohol und Kohlensäure umgewandelt wird, entstand genügend Kohlensäure, um während der Entwicklung des »vino de corazón« die idealen physiko-chemischen Bedingungen für die intrazelluläre Gärung zu schaffen. Da Kohlensäure schwerer ist als Luft, kann sie nicht aus dem »lago« entweichen.

Die Gärung unter Kohlensäure, wie sie für die Rioja charakteristisch ist, zeigt einige wichtige Unterschiede zur »macération carbonique« des Beaujolais und anderer französischer »Primeur«-Weine. Während man in Frankreich sehr auf die Unversehrtheit der Trauben beim Transport zur Kelter achtet und sie daher in kleinen Gefäßen transportiert, verwendet man in der Rioja noch die alten, ca. 80 bis 100 kg fassenden Holzzuber (span.=comportas), in denen, durch den Druck der Gesamtlast, mehr oder weniger viele Trauben zerquetscht werden und aufbrechen. Im Gegensatz zur französischen Methode verzichtet man in der Rioja in der Regel auch auf den Zusatz von Kohlensäure zu den Gärgefäßen und läßt die richtige Atmosphäre durch die natürliche Gärung entstehen.

Der junge »Cosechero«-Rotwein (vino joven)
Nach dem Ausbau in den »cuvas« muß der Wein noch »geschönt«, d.h. die unerwünschten Trübstoffe müssen entfernt werden. Dazu bedient man sich in allen Weinbaugebieten der Welt bestimmter Zusatzstoffe, die die Verunreinigungen des Weines binden, um sie schließlich ab- oder ausscheidbar zu machen. Nach einer bestimmten Zeit müssen sie zusammen mit den an sie gebundenen Partikeln und chemischen Verbindungen wieder restlos aus dem Wein entfernbar sein, so daß nichts von den Behandlungsstoffen im Endprodukt verbleibt.

Die gebräuchlichste Methode des handwerklichen Schönens ist der Zusatz von Eiweiß aus geschlagenen Hühneroder Taubeneiern, die mit kleinen Mengen des zu schönenden Weines geschlagen werden und dann den »cuvas« zugesetzt werden. Nach Tagen bis Wochen setzt sich das Eiweiß mit den gebundenen Trübstoffen ab, und der klare Wein kann abgezogen werden.

Die »Autofermentation« gibt Weine von brillantem Rot und einem sehr eleganten und komplexen Aroma. Im Geschmack sind sie samtig weich und trotzdem außerordentlich frisch, im allgemeinen besitzen sie weniger Säure bei etwa gleichem Alkoholgehalt wie klassisch vergorene

Weine. Heute spielt das beschriebene traditionelle »Cosechero«-(Winzer-)Verfahren der »inneren Gärung« auch für die industrielle Weinerzeugung eine große Rolle, da die auf diese Weise erzeugten jungen Weine eine ständig zunehmende Anhängerschaft, insbesondere in Spanien, finden. Neben vielen kleinen Winzerbetrieben sind vor allem die Genossenschaften zu den 20 000 bis 25 000 Liter fassenden »lagos« zurückgekehrt.

Für gewöhnlich wird der junge Wein *(vino joven)* im Frühjahr nach der Ernte auf Flaschen gezogen und erscheint im März oder April im Handel. Ein Mangel mag sein gelegentlich niedriger Gehalt an Apfel- bzw. Weinsäure sein, der ihn im Geschmack unter Umständen etwas »fett« erscheinen läßt und außerdem die jungen Weine nur sehr bedingt lagerfähig macht. Die »Cosechero«-Weine sollten daher innerhalb der ersten drei Jahre nach der Ernte getrunken werden. Um den Säuregehalt, und damit die Haltbarkeit, zu steigern, sind einige Produzenten, im Einverständnis mit dem Consejo Regulador, dazu übergegangen, noch vor dem Einfüllen der Trauben in den »lago« eine genau definierte Menge Kalziumkarbonat und Weinsäure hineinzugeben.

Die »klassische« Rioja-(Rotwein-)Bereitung

Neben diesem ältesten Gärverfahren wird die aus Frankreich importierte »klassische« Vinifikation in der Rioja gepflegt. Dabei werden die verschiedenen Traubensorten sofort nach ihrer Ankunft in der Bodega entsprechend den Erfordernissen des späteren Weines gemischt. Die große

Ausnahme bildet allerdings die Tempranillo, da sie früher als alle anderen Arten zur Reifung gelangt und dementsprechend als Most bzw. junger Wein vermischt werden muß.

Die Trauben werden in den Mahltrichter der Kelter gebracht, entrappt und schonend ausgepreßt. Heute haben auch die kleinen und mittleren Betriebe Horizontalpressen, bei denen eine Gewindespindel den Preßteller in den Kelterkorb gegen die Trauben drückt. Die großen Bodegas arbeiten allerdings mit modernen hydraulischen Pressen. Hierbei drückt ein sich langsam füllender Druckluftschlauch im Inneren des Korbes die Trauben gegen die Wand, ohne dabei die bitterstoffreichen Kerne zu verletzen. Nach Zugabe geringer Mengen Schwefel, der die Aktivierung unerwünschter Hefen verhindern soll, wird der Most mitsamt den Traubenschalen und den Kernen – jedoch ohne die tanninreichen Stiele – in die Gärbottiche gepumpt. Nur noch einige wenige Bodegas benutzen die traditionellen Holzzuber als Gärbehälter, meistens kommen edelstahl- oder kunststoffbeschichtete Betontanks zur Anwendung.

Wichtig ist, daß die Gärbehälter nur etwa zu 80 Prozent gefüllt werden, denn schon kurze Zeit nach dem Einfüllen des Mostes beginnt die stürmische Gärung, bei der erhebliche Mengen Schaum entstehen. Verantwortlich für den Gärprozeß sind Hefen, die als Flaum auf den Traubenschalen wachsen und über sie in den Most gelangen. Die Weinhefen sind einzellige Mikroorganismen, deren Fermente die Gärung in Gang setzen. Bei diesem Vorgang wird aus dem Zucker des Mostes Alkohol und Kohlensäure, genaugenommen das Gas Kohlendioxyd, freigesetzt. Letzteres bewirkt – wie die Krone auf einem Bierglas – die Schaumbildung im Gärtank. Daneben unterhalten die Weinhefen noch eine Vielzahl von anderen chemischen Prozessen, bei denen wichtige Bestandteile des späteren Weines entstehen (z. B. Aldehyde, Glycerin und verschiedene Fruchtsäuren).

Mit dem entstehenden Gas werden die Traubenschalen und andere feste Bestandteile an die Oberfläche gebracht, wo sie gleichsam einen »Hut« (span. = sombrero) auf dem gärenden Most bilden. Dieser Tresterhut hat eine wesentliche Bedeutung für den Most, denn er enthält die rote Farbe und das Tannin der Beerenschalen. In regelmäßigen Abständen wird der Hut mit großen Rührlöffeln (span. = mecedores) aufgebrochen, um eine Vermischung seiner Inhaltsstoffe mit dem Most zu gewährleisten.

Eine andere und vielfach benutzte Methode ist auch das kontinuierliche Hochpumpen des Mostes und Berieseln des Hutes von oben; dieses Verfahren hat den großen Vorteil, daß es gleichzeitig eine Überhitzung des Tresterhutes, in dem sich eine große Vielzahl von für die Weinentwicklung wichtigen Bakterien und Hefen befinden, vermeidet. Mittlerweile gibt es auch vollautomatische Gärtanks, in denen unter Temperaturkontrolle für eine ständige Bewegung und Vermischung des »sombrero« mit dem Most gesorgt ist.

Die »stürmische Gärung« dauert, unter normalen Bedingungen, etwa drei Tage. Bei niedrigeren Temperaturen kann sich der Gärungsprozeß erheblich verlängern und bis zu drei Wochen in Anspruch nehmen. Bei der chemischen Umwandlung von Zucker in Alkohol und Kohlensäure entsteht auch Wärme, wobei Temperaturen zwischen 28 und 32 Grad Celsius im Gärtrank erreicht werden können. Wenn der Wein einige Zeit, und es reichen nur ein paar Stunden, dieser Wärme ausgesetzt wird, verliert er erheblich an Frische und Aroma. Man ist daher in den letzten Jahren in der Rioja, wie in anderen spanischen Weinbauregionen, dazu übergegangen, den Gärvorgang unter strikter Temperaturkontrolle ablaufen zu lassen, wobei die optimalen Temperaturen für den Most zwischen 20 und 25 Grad Celsius liegen.

Nach Abschluß der stürmischen Gärung läßt man den ganz jungen, trüben Wein für sieben bis zehn Tage im Gärbehälter. Während dieser Zeit findet die »Feingärung« statt, und die festen Bestandteile des »Hutes« sinken langsam zu Boden. Schließlich wird der, immer noch trübe, Wein vom Bodensatz abgezogen und in einen neuen Bottich bzw. Tank überführt. Diesen Wein nennt man *vino de yema* (»yema« bedeutet eigentlich Eidotter, steht aber häufig einfach für das »Gute«). Etwa ein Fünftel des Weines bleibt zusammen mit den Rückständen, bestehend aus den Traubenkernen und Schalen, in der Kelter und wird schließlich durch Abpressen als *vino de prensa* (Preßwein) gewonnen. Dieser Preßwein ist wesentlich dunkler und tanninreicher als der »vino de yema« und wird ihm, je nach Bedarf, in kleinen Mengen zugefügt; dadurch erhält der »vino de yema« nicht nur eine intensivere Farbe, sondern gewinnt auch an Intensität und Haltbarkeit.

Der junge Wein wird nun für weitere ca. zwei Monate in seinen Behältnissen belassen, wobei die Feingärung langsam zum Stillstand kommt und sich der Wein Schritt für Schritt klärt. Im Januar nach der Ernte wird der nun klare

Wein erneut in andere Behälter abgezogen. Dieser Vorgang wird traditionell beim ersten Neumond im Januar durchgeführt, denn dies war nach alter Überlieferung der für die weitere Reifung des Weines günstigste Zeitpunkt. Danach setzt die Milchsäuregärung ein, die man auch den natürlichen »Säureabbau« nennt. Dabei wird durch Vermittlung bestimmter Bakterien die stechende und scharfe Apfelsäure in die mildere Milchsäure umgewandelt; gleichzeitig entstehen nochmals kleine Mengen Kohlensäure. Schließlich wird der Wein im April wiederum abgezogen. Etwa im Juni nach der Ernte kann dann der zweite Teil der Reifung im 225-Liter-Holzfaß, dem sogenannten »barrica« (franz. = »barrique), in der Rioja auch wegen seiner Herkunft aus Bordeaux »bordelesa« genannt, beginnen. Viele Bodegas lassen ihre guten Weine jedoch erst einmal sechs bis zwölf Monate in Holzzubern oder Edelstahltanks »vorreifen«, bevor sie in die kleinen Fässer gefüllt werden.

Die Rioja-Weiß- und -Roséweinbereitung

Der grundsätzliche Unterschied der Weiß- und Roséweinherstellung zur Rotweinbereitung liegt darin, daß die Trauben, meistens bereits entrappt, zunächst gepreßt und dann ohne Schalen, Stengel und Kerne vergoren werden. Wichtiger als bei den Rotweinen ist dabei die Temperaturkontrolle, denn durch die entstehende Gärwärme verlieren die »weißen« Moste noch viel schneller an Frische und Frucht. Insgesamt läuft jedoch der Gärvorgang langsamer ab, da die Hefen auf den Traubenschalen fehlen. Häufig gibt man aus diesem Grunde Zuchthefen hinzu, um den Prozeß zu beschleunigen.

Roséweine werden aus den Mosten roter Trauben wie Weißweine hergestellt. Je nach der erforderlichen Farbe und der gewünschten Extraktstoffkonzentration werden die roten Schalen für einige Minuten bis mehrere Stunden auf dem Most belassen. Der Ausbau der klassischen Weißweine und gelegentlich sogar von Roséweinen findet, analog den Rotweinen, in der »barrica« statt. Der größte Teil der weißen und roséfarbenen Rioja-Weine kommt heute jedoch gemäß dem veränderten Geschmack des Publikums nicht mehr mit Holz in Berührung.

Wein und Holz – die »barrica«

Das Kernstück beim Ausbau der Rioja-Weine und ihr unverwechselbares Charakteristikum ist die *barrica*. Weinfreunde diskutieren häufiger über das Für und Wider des Barrique-Ausbaus, wobei die Holzkritiker den Verlust an Frische und das gelegentlich sehr betonte Eichenaroma, hinter dem die ursprüngliche Harmonie eines Weins gänzlich verschwinden kann, ins Feld führen.

Richtig ist, daß tatsächlich manchmal die Dauer des Holzausbaus übertrieben wird und aus einem ursprünglich feinen Wein im Laufe seiner Entwicklung ein stumpfer Eichensaft wird. Aber die Wahrheit liegt in der Mitte: Holz, richtig dosiert, vermittelt Charakter und fügt neue Aromen hinzu, die verstärkend auf die des Weines wirken. Im Grunde ist es wie mit Gewürzen in der Küche, man benutzt sie, um bestimmte Geschmacksnuancen hervorzuheben.

Das Holzfaß ist jedoch viel mehr als nur die Quelle einiger Aromastoffe, dazu könnte man – wie in den USA bereits mancherorten üblich – auch einfach Holzspäne in einen Tank geben. Erst im letzten Jahrzehnt hat man begonnen, die physikalischen und chemischen Vorgänge zu verstehen, die sich während des Faßausbaus abspielen. Man hat im Laufe der Zeit bei der Herstellung von Weinfässern mit allen nur denkbaren Hölzern experimentiert, ist aber immer wieder auf die Eiche zurückgekommen. Dabei hat sich in Rioja die importierte amerikanische Eiche (Quercus alba) gegenüber der französischen Limousin-Eiche und den einheimischen Sorten durchgesetzt.

Heute werden die Rohdauben (Wandbretter) mit Zylinder- oder Bandsägen aus den Stammhölzern herausgeschnitten. Bereits die Technik des Schneidens hat erheblichen Einfluß auf die spätere Geschmacksentwicklung des Weines: Je nach Schnittrichtung im Verhältnis zur Maserung werden mehr oder weniger Holzzellen zerstört, die die typischen Aromastoffe und die Gerbsäure an den Wein abgeben.

Schließlich ist von Bedeutung, von welcher Schicht des Stammes die Dauben herstammen, denn die höchsten Konzentrationen von Extraktstoffen finden sich ganz innen und ganz außen. Aber auch die Lagerung der Dauben vor ihrer Verarbeitung ist von Bedeutung. Im allgemeinen werden die rohen Eichenlatten zunächst ein bis drei Jahre in freier Natur der Witterung ausgesetzt und so, bei gleichzeitigem Verlust übermäßigen Tannins, langsam getrocknet. Beim späteren Zusammensetzen des Fasses werden die Dauben in den Küfereien der traditionellen Bodegas noch von Hand über kleinem Feuer gebogen. Dieser Vorgang wiederum bewirkt, daß das Holz ein fein geröstetes Aroma annimmt, welches sich später ebenfalls teilweise auf den Wein übertragen kann.

Die »barrica« als kompliziertes Laboratorium
Neben der bereits beschriebenen Aromabildung durch das Eichenfaß finden während der Faßlagerung noch andere Reaktionen statt, die dem Wein seine besonderen Charakteristika verleihen. Der wichtigste Prozeß ist dabei wahrscheinlich die Verdunstung durch die Faßdauben. Dies ist ein äußerst komplexer physikalischer Vorgang, der durch die besondere Struktur des Holzes ermöglicht wird. Je nach Luftfeuchtigkeit des umgebenden Kellerraumes verdunstet mehr oder weniger Wasser, während die Alkoholverdunstung, bei nur geringen Temperaturschwankungen, weitgehend konstant bleibt. Dies bedeutet, daß in trockener Umgebung der Wein langsam an Alkohol zunimmt, da mehr Wasser als Alkohol verdunstet. Bei sehr hoher Luftfeuchtigkeit tritt dagegen genau das Gegenteil ein. Das Gleichgewicht von Wasser- und Alkoholverdunstung liegt bei etwa 65 Prozent relativer Luftfeuchtigkeit.

Der Säuregehalt des Weines steigt durch die Konzentration im allgemeinen leicht an, hinzu kommt noch die Säure aus dem Eichenholz. Natürlich muß die verdunstete Flüssigkeitsmenge in regelmäßigen Zeitabständen durch entsprechenden Wein nachgefüllt werden. Dabei dringt beim Öffnen des Spundloches und beim Nachgießen ein wenig Sauerstoff ein und bewirkt, daß der Wein leicht oxydiert – was nicht weiter schlimm ist, den Wein im Gegenteil sogar etwas geschmeidiger macht.

Natürlich birgt das Öffnen des Spundloches auch Gefahren, es kann z. B. zu einer Verseuchung mit Essigbakterien oder unerwünschten Kahmhefen kommen, die dann den Inhalt verderben. Man hat daher in einigen Bodegas, insbesondere bei der traditionellen Weißweinherstellung, damit begonnen, den Spund fest einzuschlagen, das Faß zur Seite zu kippen und einfach ein Vakuum durch die Verdunstung entstehen zu lassen. Selbstverständlich kommt es dann auch nicht zur Oxydation.

Damit die erwähnten Prozesse während der Weinreifung im Faß richtig ablaufen können, müssen Größe und Alter des Fasses stimmen. Die Wirkung, die das Holz auf den Wein ausübt, ist direkt abhängig vom Verhältnis der Holzoberfläche zur Menge des Faßinhaltes. Wenn das Faß sehr groß ist, steht weniger Holz pro Liter Wein zur Verfügung, und um so geringer wird der Einfluß sein, den das Holz auf den Wein nehmen kann. Bei kleinen Fässern verhält es sich genau umgekehrt. Es hat sich nach langer Erfahrung gezeigt, daß ein Volumen von 225 Litern den Idealfall darstellt, bei dem das Zusammenspiel von Wein und Holz optimal abläuft.

Das Alter der Fässer spielt ebenfalls eine wesentliche Rolle, denn es ist klar, daß sich im Faßinneren im Laufe der Zeit Tartrate, Zucker sowie andere Niederschläge absetzen und somit allmählich die Poren verstopfen. Weine, die in älteren »barricas« reifen, können daher zum einen länger darin bleiben und werden zum anderen deutlich milder ausfallen als Weine, die nach kurzer Reifung in neuen Fässern auf den Markt gebracht werden. Dies bedeutet nicht, daß der Wein über die Jahre ungestört im Faß ruht und vor sich hin schlummert. Er muß in regelmäßigen

Abständen von seinem Bodensatz abgezogen und in frische Fässer gefüllt werden. Dies geschieht etwa alle drei bis fünf Monate. Das benutzte Faß wird sorgfältig gereinigt und desinfiziert, bevor es wieder in Gebrauch kommt.

Viele der Reservas und Gran Reservas aus den traditionellen Bodegas haben ein halbes Dutzend und mehr Jahre in »barricas« verbracht und zeigen trotzdem nur einen sehr dezenten Holzton. Meist mischt man den Jahrgangswein aus neuen und älteren Fässern, um die gewünschten geschmacklichen Nuancen zu erhalten. Nach 10 bis 12 Jahren ist ein Faß, wenn es ständig gefüllt war, im Grunde nur noch ein Weinbehälter wie jeder andere auch, seine »hölzerne« Eigenart ist dann völlig verschwunden. Dies ist der späteste Zeitpunkt, an dem es ersetzt werden sollte, falls es für die Reifung des Weines vorgesehen ist.

Der weitere Werdegang – Crianza, Reserva, Gran Reserva

Im Durchschnitt anderthalb Jahre nach der Lese, d. h. nach ungefähr sechs Monaten Lagerung im Tank oder Fuder und 12 Monaten im »barrica«, hat sich der Rotwein stabilisiert. Er ist klar und wird keinen nennenswerten Bodensatz mehr bilden. Bevor die Weine auf Flaschen gezogen werden können, müssen sie noch »geschönt« werden.

Mittlerweile haben sich für diesen Vorgang auch in der Rioja eine Reihe von großtechnischen Verfahren, wie Kalt- oder Kieselgurfiltration, durchgesetzt. In den traditionsbewußten Bodegas wird allerdings immer noch die Schönung nach der überlieferten Methode mit Hühnereiweiß vorgenommen.

Schließlich wird der Wein auf Flaschen gezogen und zur weiteren Reifung in kühlen Kellern gelagert. Je besser der Wein und je traditioneller die Bodega, desto länger wird er im Faß und anschließend in der Flasche ausgebaut. Bei Weißweinen gilt dies nur bedingt. Der Faßausbau ist durchweg kürzer als bei vergleichbaren Rotweinen, ohne daß dadurch die Haltbarkeit wesentlich beeinträchtigt wird.

Der Gesetzgeber hat eine offizielle Klassifizierung der Reifestufe eines jeden Rioja-Weines, der unter der »Denominación de Origen« hergestellt wird, herausgegeben. Die jeweilige Kategorie ist entweder auf einem Kontraetikett auf der Flaschenrückseite oder einer Banderole, die über den Flaschenhals geklebt ist, verzeichnet und wird vom Consejo Regulador überwacht. Dabei werden vier Gruppen unterschieden, die jeweils gewisse Mindestanforderungen an den Ausbau erfüllt haben müssen:

1. **Sin Crianza**: Auf diesem Etikett findet sich lediglich der Hinweis auf die garantierte Herkunft (»Garantia de Origen«) des Weines. Gelegentlich ist auch der Jahrgang vermerkt. In Spanien findet man manchmal die Buchstaben *c.v.c.*, was für »conjunto de varias cosechas« steht und soviel wie Jahrgangsverschnitt bedeutet. Sämtliche »Cosechero«-Weine und die jungen Weiß- bzw. Roséweine tragen das »Sin-Crianza«-Etikett.

2. **Crianza**: Bei Rotweinen bedeutet dies einen Mindestausbau von zwei Jahren, wovon der Wein wenigstens ein Jahr im »barrica« und ein halbes Jahr in der Flasche verbracht

haben muß. Für Weiß- und Roséweine ist das Faßlager in dieser Kategorie auf sechs Monate beschränkt. Manche »Crianza«-Weine werden als *3er-año-*(3.-Jahr-)Weine auf den Markt gebracht. Diese Bezeichnung, die auf Exportflaschen nur noch selten zu lesen ist, bedeutet nicht, daß der Wein drei Jahre Reifung hinter sich hat, sie besagt lediglich, daß der Wein im dritten Jahr nach der Lese abgefüllt wurde.

3. **Reserva**: Diese Bezeichnung für ausgesuchte Weine verlangt bei Rotweinen einen Mindestausbau von drei Jahren, und auch hier muß eins davon mindestens im »barrica« und eins in der Flasche verbracht sein. Weiße »Reservas« müssen ein halbes Jahr im Faß und 18 Monate im Tank und/oder der Flasche gereift sein.

4. **Gran Reserva**: Um diesen Anforderungen zu entsprechen, muß der Rotweinausbau mindestens fünf Jahre betragen haben, wobei mindestens zwei Jahre im Faß nachgewiesen werden müssen. Bei Weißweinen beträgt der Ausbau insgesamt vier Jahre, wovon wiederum mindestens sechs Monate auf die »barrica« entfallen müssen.

Vor dem 1979er »Reglamento« gab es in der Rioja längere Mindestausbauzeiten in der »barrica«. Daher trägt manche »Reserva« aus den 60er oder frühen 70er Jahren noch die Banderole mit »Crianza«. Auch heute lassen die traditionellen Bodegas ihre »Reservas« und »Gran Reservas« teilweise wesentlich länger als die vorgeschriebene Mindestdauer im Faß. Der Trend geht allerdings gerade bei den jüngeren Bodegas eindeutig in Richtung des kürzeren

Holzausbaues. Damit folgen sie einem sich weltweit langsam verändernden Konsumverhalten. Man darf jedoch nicht vergessen, daß der Holzcharakter zu den wesentlichen Zügen des Rioja gehört und daß die lange Reifung in den Kellern der Bodegas zu Weinen führt, die, sobald sie in den Handel kommen, trinkfertig sind. Dies ist einer der großen Vorzüge der klassischen roten und weißen Rioja-Weine.

Die Reifung in der Flasche

Die Flaschenabfüllung stellt für den Wein immer ein immenses Trauma dar. Er wird in den meisten Fällen aus den »barricas« oder Fudern über ein kompliziertes Schlauchsystem in Edelstahltanks verfrachtet und gelangt von dort, wiederum automatisch, über die Abfüllmaschine in die Flasche. Dabei kommt es naturgemäß nicht nur zu erheblichen Temperaturschwankungen, sondern auch zu einem erneuten Kontakt mit Sauerstoff. Der Wein verliert zeitweise etwas von seinem Aroma und Geschmack und bedarf der Ruhe zur Erholung.

Aus diesem Grund kommen die wertvolleren Tropfen wieder zurück in den Keller, wo sie in ihren Flaschen, sorgfältig gestapelt, genesen können. Zunächst muß der Sauerstoff, der sich zwischen Korken und Weinoberfläche befindet, verbraucht werden; dann setzen allmählich eine Reihe von chemischen Reaktionen ein, die die weitere Reifung bewirken. Das Etikettieren und Verkapseln erfolgt meist erst kurz bevor der Wein in den Handel gebracht wird.

Sehr alte »Reservas« und »Gran Reservas«, von denen nur geringe Mengen existieren, werden in manchen Bodegas noch von Hand auf Flaschen gezogen. Dabei wird der Wein natürlich wesentlich sorgsamer behandelt, und auch die Temperaturschwankungen fallen nicht ins Gewicht, da der ganze Vorgang im kühlen Keller, wo auch der Wein lagert, durchgeführt wird.

Nach der Flaschenabfüllung braucht ein guter Rioja mindestens sechs Monate, bis er sich wieder einigermaßen erholt hat, und diese Zeit sollte er unbewegt im dunklen, kühlen Keller verbringen. Aus diesem Grunde ist auch die vorgeschriebene Mindestausbauzeit in der Flasche für jeden faßgereiften Rioja-Wein sechs Monate.

Die Flaschenreifung spielt eine nicht unbedeutende Rolle, und viele der großen Tropfen aus der Rioja erklimmen im Laufe von Jahrzehnten ungeahnte Höhen geschmacklicher Perfektion. Wichtige Kriterien für das Entwicklungspotential eines Weines sind u.a. sein Fruchtsäure- und Extraktgehalt, und gerade dies bieten manche Riojas im Überfluß. Man ist beim Probieren alter Jahrgänge immer wieder verblüfft, welch erstaunliche Vitalität dem Rioja innewohnt. Bei einer Anfang der 80er Jahre vom renommierten »Decanter Magazine« in London organisierten Verköstigung alter Rioja-Weine wurden die Jahrgänge 1902 und 1910 hoch gelobt, und die Auguren waren sich einig, daß selbst diese Weine noch eine lange Zukunft haben werden.

Obwohl heute die Tendenz zu kürzerem Faß- und längerem Flaschenausbau nicht zu übersehen ist, hat jede Bodega ihre ganz eigenen Regeln aufgestellt, die dem jeweiligen Stil und Charakter ihrer Weine gerecht werden sollen.

Während die Klassiker vom »Barrio de la Estación«, wie La Rioja Alta, López de Heredia oder Muga, größten Wert auf die traditionelle Faßlagerung legen, haben sich neuere Betriebe wie Marqués de Cáceres, Olarra oder Bujanda mehr der französischen Richtung mit Betonung des langjährigen Flaschenausbaus angeglichen.

*D*ie traditionellen »cosechero«-Weine der Rioja sind sehr fruchtig und müssen jung getrunken werden. Demgegenüber werden die »klassischen« Weine unterschiedlich lange im 225-Liter Holzfaß (»barrica«) ausgebaut. Die barrica vermittelt nicht nur Aromen und Geschmack, sondern in ihr spielen sich eine Vielzahl von physikalisch-chemischen Reaktionen ab, die dem Wein seinen besonderen Charakter verleihen. Entsprechend der Gesamtdauer des Ausbaus im Faß und in der Flasche unterscheidet man »Crianza«-, »Reserva«- und »Gran Reserva«- Weine.

Charakter der
Rioja-Weine

Da Spaniens Weine, begünstigt von Sonne und Wärme, im allgemeinen als alkoholstark und extraktstoffreich beschrieben werden, kommt es nicht selten zu erheblichen Mißverständnissen betreffs des Charakters der Rioja-Weine. Ganz im Gegensatz zur landläufigen Vorstellung handelt es sich fast immer um elegante, verhältnismäßig leichte und feingliedrige Weine. Dazu trägt der lange Faßausbau ganz wesentlich bei: Während des Kontaktes mit dem Holz verliert der Wein langsam an Farbe und Geschmacksvolumen, er wird sehr viel feiner und komplexer.

»Claretes« & »Tintos« – »Burgunder« & »Bordeaux«

Bei den Rotweinen unterschied man früher zwischen den *Claretes* und den *Tintos*. »Clarete« hieß soviel wie »durchsichtig« und beschrieb die Farbintensität des Weines. Demgegenüber war ein »Tinto« (tinto = rot) meist dunkler, jedoch waren die Übergänge fließend und abhängig von der Definition des jeweiligen Erzeugers. Meist besaßen die »Claretes« einen hohen Garnacha-Anteil in ihrer Coupage.

Heute ist man fast gänzlich von der Bezeichnung »Clarete« abgekommen, jedoch trifft man sie noch gelegentlich auf Etiketten an, insbesondere jener der traditionellen Bodegas. Ein »Clarete« ist nicht unbedingt ein minderwertigerer Wein, jedoch ist er meist leichter und schlanker als die üblichen »Tintos«. In anderen Gegenden Spaniens steht »Clarete« sogar gelegentlich für Roséwein. Auf keinen Fall darf man »Clarete« mit der englischen Bezeichnung »Claret« für einen roten Bordeaux-Wein verwechseln.

Eine andere Unterscheidung des jeweiligen Weincharakters wurde im vergangenen Jahrhundert durch die unterschiedliche Flaschenform eingeführt. Die eleganteren Weine, vornehmlich jene der Rioja Alta, hat man in Flaschen vom Bordeaux-Typ abgefüllt, während die Burgunder-Flasche für kräftigere und körperreichere Kreszenzen, häufig aus der Rioja Alavesa, reserviert war.

Die beiden unterschiedlichen Flaschentypen gibt es noch heute, und viele Bodegas, die verschiedene Weine herstellen, drücken durch die jeweilige Flaschenform den Charakter des Inhaltes aus. So werden z.B. die festeren Alavesa-Weine von C.V.N.E. als »Viña Real« in der Burgunder-Flasche angeboten, während die schlankeren aus der Rioja Alta als »Imperial« in Bordeaux-Flaschen kommen.

Natürlich ist eine Verallgemeinerung dieser Regel nicht zulässig, denn was der eine Kellermeister auf Bordeaux-Flaschen zieht, würde sein Kollege möglicherweise in Burgunder-Flaschen abfüllen. Trotz aller Einschränkungen sollte der Verbraucher eigentlich dankbar für diesen Versuch sein, wenigstens eine grobe Beschreibung des Flascheninhaltes durch die Form der Flasche zu erreichen.

*Alle Rioja-Weine zeichnen sich durch ein ausgezeichnetes
Preis-Leistungs-Verhältnis aus.*

*Rioja-Weine gibt es in fast allen Preisklassen,
und bei der großen Sortenvielfalt ist für jeden Geschmack
das Richtige dabei.*

Es gibt nur wenige Weißweine,
die soviel Charakter und Persönlichkeit zeigen wie
die »Weißen« der Rioja.

*Die Weißweine der Rioja zeichnen sich durch eine
Frische, in der feine Fruchttöne mitschwingen, aus und sollten
gut gekühlt getrunken werden.*

Trinkfertig und wenig depotbeladen

Das unverkennbare Merkmal der klassischen Rioja-Weine ist ihr ganz charakteristisches Vanillearoma. Der lange Ausbau in der Bodega verleiht dem Wein nicht nur einen großen Teil seines Charakters, sondern zeitigt auch ganz praktische und sehr angenehme Folgeerscheinungen: Ein Rioja ist, sobald er auf den Markt kommt, trinkfertig. Im allgemeinen benötigt er nach dem Einkauf nur einige Tage Ruhe, bevor er mit Genuß getrunken werden kann.

Bis auf einige ältere »Reservas« und »Gran Reservas« bilden Rioja-Weine selten – und wenn, dann im allgemeinen wenig – Bodensatz. Trotzdem kann es von Vorteil sein, den Wein zu dekantieren. Weniger um ihn vom Depot zu befreien, sondern mehr um ihn zu »lüften«. Wie bei kaum einem anderen Wein bringt der kurze Kontakt mit Sauerstoff vor dem Genuß Bukett und Aroma zur Entfaltung. Selbstverständlich kann man die Flasche auch einige Zeit vor dem Trinken öffnen, um eine gewisse Sauerstoffzufuhr zu ermöglichen. Diese Prozedur, obwohl immer wieder empfohlen, bringt der Entwicklung des Weines allerdings nur sehr wenig, denn die Oberfläche im Flaschenhals, an der sich oxydative Vorgänge abspielen können, ist vergleichsweise gering. Bei sehr alten »Reservas« und »Gran Reservas« sollte man mit dem Dekantieren vorsichtig ans Werk gehen. Allzu langes Warten in der Karaffe kann den Wein schnell verderben, ihm möglicherweise sogar den »Todesstoß« versetzen, da er sich bereits naturgemäß auf einer hohen Stufe der Oxydation befindet. Solche Weine »lüftet« man am besten im Glas, wo man ihre Entwicklung Schluck für Schluck verfolgen kann.

Unterschätzte Weiße

Die Weißweine der Rioja werden, selbst von vielen Weinfreunden in Spanien, leider allzuoft unterbewertet. Mit dem neuen Geschmacksdiktat, nach dem nur noch junge, alkoholarme und fruchtige Weißweine (»Durstlöscher«) akzeptiert werden, sind die wunderbaren »Reservas« der klassischen Bodegas zu echten Liebhaberkreszenzen geworden, die nur selten in den Regalen der Weinhändler zu finden sind.

Dabei gibt es nur wenige Weißweine, die soviel Charakter und Persönlichkeit zeigen wie diese Spanier. Hinter ihrer schönen Farbe, die vom Zitronen- bis zum leuchtenden Goldgelb reichen kann, verbirgt sich häufig eine erstaunliche Frische, in der feine Fruchttöne mitschwingen. Ein ausgeprägtes Eichenbukett ist fast immer vorhanden. Die Struktur und die Kraft dieser Weine hat der britische Weinkenner Hugh Johnson einmal mit den besten Jahrgängen eines weißen Graves von der Garonne verglichen. Gelegentlich werden die weißen Rioja-Klassiker auch als »weiße Rotweine« beschrieben, ohne daß man ihnen mit diesem Vergleich auch nur annähernd gerecht wird.

Trinktemperatur und das richtige Glas

Die Rioja hat kein typisches Weinglas, jedoch eignen sich die großen, tulpenförmigen Bordeaux-Gläser ganz hervorragend für alle roten Rioja-Weine. Sie sollten zur Hälfte oder – noch besser – nur zu einem Drittel gefüllt werden, um ausreichend Platz für vorsichtiges Schwenken zu haben. Schwenken bedeutet Kontakt mit Luft und damit Entwicklung sowie Abgabe der flüchtigen Aromen.

Weiße »Crianza«- und »Reserva«-Weine behandelt man ganz analog. Für sie eignen sich die klassischen Chablis-Gläser sehr gut. Während man einen roten Rioja bei Raumtemperatur (18 bis 20 Grad Celsius) trinkt, sollten die jungen weißen Rioja und Rosés sehr gut gekühlt (7 bis 12 Grad Celsius) genossen werden. Die älteren, in »barricas« ausgebauten Weißweine dürfen nicht ganz so kalt sein; ihre Aromen entfalten sich am besten bei einer Temperatur zwischen 12 und 14 Grad Celsius.

Der Einkauf von Rioja-Weinen

Mittlerweile sind fast alle Bodegas der Rioja durch einen oder mehrere Importeure in der Bundesrepublik und in den deutschsprachigen Nachbarländern vertreten. Gute Tropfen kann man daher ohne viel Mühe in beinahe jeder Weinfachhandlung erstehen. Zwar führen auch Lebensmittelketten, Supermärkte und Kaufhäuser gelegentlich bekannte Marken, jedoch erhält man dort so gut wie niemals seltenere Reservas oder Gran Reservas. Der kritische Weinfreund wird auch beim Kauf eines Rioja größten Wert auf die Lagerung der Flaschen beim Händler legen und jedes Geschäft meiden, in dem sie im warmen Verkaufsraum in den Regalen herumstehen. Eine alte Reserva sollte immer aus dem Keller geholt werden, wo sie im Dunkeln liegend und wohltemperiert auf ihren Käufer gewartet hat.

Eine gewisse Schwierigkeit beim Rioja-Einkauf stellt immer noch die weitverbreitete Ignoranz der Verkäufer

Kleine Etikettenkunde

① Marke
② Zusatzinformation
③ Produzent
④ Ausbauort
⑤ Weintyp
⑥ Datum der Flaschenabfüllung (Januar 1986)
⑦ Jahrgang
⑧ Siegel mit dem Emblem des Consejo Regulador
⑨ Alkoholgehalt

dar. Nur selten werden Kunden so umfangreich über die Weine und das Land der Rioja informiert, wie dies in jedem Fachgeschäft für französische und italienische Kreszenzen inzwischen selbstverständlich ist. Da andererseits ausreichende Informationen ganz wesentlich zur Freude am Genuß eines guten Tropfens beitragen, wird sich der Rioja-Freund vorzugsweise an diejenigen Fachhändler wenden, die ihm eine große Auswahl erstklassiger Weine und entsprechende Hintergründe vermitteln können. In Deutschland gibt es bereits eine Handvoll Spezialisten für Rioja-Weine, die, zusammengenommen, die Vielfalt der Weinkultur des oberen Ebrotals gut repräsentieren und zudem auf den Weinversand eingerichtet sind. Preislisten und anderes Informationsmaterial können direkt von den in der folgenden Auswahl aufgeführten Händlern angefordert werden:

Bodega Iberica
Wörthstraße 36, 8000 München 80
Telefon: 0 89/4 48 03 58

Bodegas Rioja. Andreas Krämer
Lennershofstraße 156, 4630 Bochum 1
Telefon: 02 34/70 75 94

Der Rioja-Weinspezialist. Nicolas Papadopoulos
Akazienstraße 13, 1000 Berlin 62
Telefon: 0 30/7 82 25 78

La Vineria. Dr. Peter Hilgard
Kronenstraße 11a, 4800 Bielefeld 1
Telefon: 05 21/17 20 00

VinEspa. Vinos españoles
Achillesstraße 3, 4000 Düsseldorf 11
Telefon: 0211/554191

Vinos de Reula. Luz-Maria Fenske
Hildener Straße 43, 5650 Solingen 11
Telefon: 0212/76402

*U*nter der Bezeichnung »clarete« werden gelegentlich noch leichtere Rotweine angeboten. Demgegenüber bezeichnet das Wort »tinto« einen klassischen Rotwein. Im allgemeinen ist der rote Rioja-Wein eher leicht und feingliedrig. Eine Besonderheit mit viel Charakter stellen die im barrica ausgebauten Weißweine dar. In der Rioja ist auch die Gastronomie hoch entwickelt, und jedem Weinfreund seien die Restaurants in den Weinorten empfohlen, wo man nicht nur gut zubereitete Speisen »a la riojana«, sondern meist auch die Weine der Region in großer Auswahl genießen kann.

Die großen Bodegas und ihre Weine

Nicht alle Bodegas, die Wein produzieren, durften ihn bislang auch exportieren. Das bereits erwähnte »Reglamento«, die gesetzliche Grundlage der Kontrollbehörde, sah vor, daß nur Betriebe einer bestimmten Größenordnung die Ausfuhrerlaubnis erhalten sollten. Die Lagerkapazität für Wein mußte mindestens 7500 Hektoliter betragen; 2250 Hektoliter mußten sich jeweils im Reifungsprozeß befinden (»1000-Fässer-Regelung«).

Durch diese sehr strikt eingehaltenen Regeln kamen leider lange Zeit einige sehr gute Tropfen nicht auf die Auslandsmärkte. Nach dem Beitritt Spaniens zur Europäischen Gemeinschaft hat sich dies geändert; grundsätzlich darf nun jede Bodega exportieren, vorausgesetzt, sie hat das D. O.-Prädikat erhalten.

Man könnte die großen Bodegas in die »Traditionalisten« und die »Progressiven« einteilen und würde damit zwar die extremen Charaktere andeuten, jedoch den vielen Produzenten, die sehr erfolgreich Tradition mit Fortschritt verbinden, nicht gerecht werden. Ebensowenig sinnvoll ist es, die Bodegas nach ihrer geographischen Lage zu kategorisieren, denn die Weinberge liegen meist in einiger Entfernung von den Ausbauorten, so gibt es z. B. wunderbare »Alavesa«-Weine, die aus den Bodegas der Rioja »Alta« stammen, und umgekehrt. Um allen mehr oder weniger willkürlichen Einteilungen zu entgehen, wurde im folgenden die alphabetische Listung der wichtigsten Bodegas gewählt.

AGE, Bodegas Unidas, S. A., Fuenmayor (La Rioja)

Der Name *AGE* setzt sich aus den Anfangsbuchstaben dreier berühmter Bodegas zusammen, die 1964 zusammengeschlossen wurden: Azpilicueta, García und Entrena. Heute ist AGE eine der größten Bodegas in der Rioja mit einem sehr hohen Exportanteil. Beinahe die Hälfte der Besitzanteile an der Firma sind mittlerweile in amerikanischen Händen.

Die bekannteste Marke ist sicher der *Siglo Saco*, dessen Flasche in einem Jutesack steckt. Die gleichen Weine werden auch unter dem Namen *Credencial, Agessimo Saco* und *Fuenmayor* auf den Markt gebracht.

Die Roten sind mit Abstand die attraktivsten Weine und zeichnen sich durch ein sehr gutes Preis-Leistungs-Verhältnis aus. Daneben gibt es noch einfachere Weine (»Sin Crianza«), die als *Siglo* oder *Romeral* vornehmlich an die großen Supermarktketten geliefert werden. Unter dem Namen *Marqués de Romeral* wird in besonders guten Jahren eine sehr ansprechende »Gran Reserva« abgefüllt. Sämtliche Rotweine haben einen Tempranillo-Anteil von mindestens 60 Prozent.

Bodegas Alavesas, S. A., Laguardia (Alava)

Die *Bodegas Alavesas* wurden 1972 von einer Gruppe kleinerer Winzer gegründet. Auf 400 Hektar Rebland wachsen die Tempranillo-Trauben für die heute sortenreinen Weine unter dem Namen *Solar de Samaniego*. Solar bedeutet soviel wie »Stammhaus«, und Félix María Samaniego war ein Dichter aus Laguardia, der seine Hauptwerke im Schatten eines Feigenbaums, seinem »Solar«, schrieb.

Die Bodegas fertigen »Cosechero«-, »Crianza«-, »Reserva«- und »Gran Reserva«-Weine, die von guter Qualität und ihrem Charakter nach typische Vertreter der Alavesa sind. Gelegentlich fehlen ihnen ein wenig Tiefe und Rasse. Hervorragend war der *Gran Reserva 1973*. Der Weißwein, der entweder als *Solar Joven* oder ebenfalls als *Solar de Samaniego* in Schlegelflaschen abgefüllt wird, ist ein sortenreiner Viura mit meist guter

Säure. Etwas dünn und charakterlos ist der Rosé, der aus einer Mischung von weißen Viura- und roten Tempranillo-Trauben gekeltert wird.

Bodegas Berberana, S.A., Cenicero (La Rioja)

Noch heute kann man in Ollauri bei Haro das kleine Stammhaus der 1877 von der Familie Berberana gegründeten Bodega besichtigen. 1972 wurde die Bodega unter ihrem damaligen Besitzer Melquiades Entrena nach Cenicero verlegt und erheblich vergrößert. Bald verließen an die 20 Millionen Flaschen jährlich die Abfüllanlage. Nach einem kurzen Zwischenspiel in der RUMASA-Gruppe gehören die *Bodegas Berberana* heute einem Konsortium unabhängiger Geschäftsleute.

Die roten »Crianza«-Weine sowie die Weiß- und Roséweine, die unter den Namen *Carta de Plata* bzw. *Carta de Oro* vermarktet werden, sind, jeder in seiner Art, guter Durchschnitt. Topgewächse dagegen sind die roten »Reservas« und »Gran Reservas«, die zu den großen Weinen der Rioja zu zählen sind. Es sind brillante und sehr harmonische Weine, die in den vergangenen Jahren, völlig zu Recht, zahlreiche Auszeichnungen erhalten haben. Besonders erwähnenswert sind die »Gran Reservas« der Jahrgänge 1970, 1973 (beide noch aus der alten Bodega) sowie 1978 und die großartige »Reserva« von 1980.

Bodegas Berceo, S.A., Haro (La Rioja)

Obwohl diese kleine Bodega eigentlich nur ein Zweigbetrieb der Bodegas Gurpegui in San Adrián (Rioja Baja) ist, soll sie hier gesondert aufgeführt werden. Ihre Geschichte geht zurück ins letzte Jahrzehnt des vergangenen Jahrhunderts, und das renovierte Gebäude an der Calle de Cuevas legt ein beredtes Zeugnis vom guten Geschmack und der Bedeutung der Firmengründer ab.

In den *Bodegas Berceo* werden ausschließlich Rotweine hergestellt, wobei neben modernen Betonbehältern auch alte Eichenfuder für den ersten Ausbau zur Verfügung stehen. Nicht alles, was später die Bodega verläßt, stammt aus Haro. Ein großer Teil des Ausbaus in den »barricas« aus amerikanischer Eiche findet in San Adrián statt.

Als *Viña Berceo* gibt es sowohl einen ganz jungen Rotwein, der nicht auf Holz gelegen hat, als auch alle anderen Kategorien des Faßausbaus. Der »Crianza« ist in manchen Jahren ein sehr attraktiver Wein mit viel Frucht. Von ganz besonderer Qualität und großem Reiz sind die »Gran Reservas«, insbesondere die der Jahrgänge 1973 und 1975. Großartig strukturiert und von enormer Tiefe war auch die »Gran Reserva« *Gonzalo de Berceo* 1970. Da die Lagerzeit der »Gran Reservas« in den Kellern der Bodega bis zu 15 Jahren beträgt, wird man wohl noch einige Zeit auf den vermutlich ebenso guten 1978er warten müssen.

Bodegas Beronia, S.A., Ollauri (La Rioja)

Die *Bodegas Beronia* wurden im Jahr 1970, am Beginn des letzten Rioja-Booms, von Javier Bilbao Iturbe gegründet. Er ist ein Winzer der alten Generation mit jenem genialen Gespür für die Eigenart seiner Weine. Obwohl die Bodega mittlerweile zum Sherry-Giganten Gonzales Byass gehört und längst die Ausmaße eines Großbetriebes erreicht hat, ist Don Javier noch immer verantwortlich für die Weinbereitung. Zehn Hektar bestes Rebland vor den Toren Ollauris gehören der Bodega. Da dies nicht für den Eigenbedarf reicht, werden Trauben von umliegenden Winzern hinzugekauft. Die Technik ist auf dem modernsten Stand, aber auch die Tradition wird liebevoll gepflegt.

Ein junger, fruchtiger und trockener Weißwein aus Viura-Trauben kommt als *Berón* auf den Markt; leider fehlt ihm in manchen Jahrgängen etwas Säure. Sein rotes Gegenstück ist ein »Crianza«-Wein aus etwa 80 Prozent Tempranillo mit einem herrlich fruchtigen Geschmack und guter Säure. Von guter Qualität sind gelegentlich auch die »Reservas« und »Gran Reservas« unter dem Namen *Beronia*.

Bodegas Bilbaínas, S.A., Haro (La Rioja)

Mit der Gründung der *Bodegas Bilbaínas* im Bahnhofsviertel von Haro ist der Name Santiago Ugarte eng verbunden. Er war einer der ersten Rioja-Barone, der durch den Export seiner Weine, insbesondere nach England, zu großem Reichtum gelangte. Er kaufte in der Rioja Alta und Alavesa 250 Hektar Rebland zusammen, begann 1914 mit der Herstellung von Champagner, und schließlich ließ er auch seinen eigenen Weinbrand in den Kellern reifen.

Die Weine der Bodega benannte er nach seinen Rebgärten (»Viñas«), *Viña Pomal, Viña Zaco, Viña Paceta* usw., ohne daß die Moste tatsächlich ausschließlich von der so beschriebenen Lage stammen. Der »Viña Zaco« ist ein fruchtiger, eleganter Rotwein vom Rioja-Alta-Typ, den es als »Crianza« und »Reserva« bzw. »Gran Reserva« (*Gran Zaco*) gibt. Deutlich körperreicher und fleischiger ist der »Viña Pomal«, der ebenfalls mit unterschiedlicher Ausbaudauer auf den Markt kommt. Von den Weißweinen ist der »Viña Paceta« erwähnenswert; er wird kurze Zeit in »barricas« ausgebaut und läßt dies auch im Aroma deutlich erkennen.

Bodegas Campo Viejo de Savin, S.A., Logroño (La Rioja)

1959 wurden die *Bodegas Campo Viejo de Savin* gegründet, deren Geschichte eine einzige Erfolgsstory ist. Heute gehört die Bodega nicht nur zu den größten Exporteuren, sondern hat auch eine beherrschende Stellung innerhalb Spaniens als größter Erzeuger von Rioja-Weinen.

Der *Campo Viejo,* in der typischen dickbauchigen Flasche, gehört neben dem einfacheren und jüngeren *San Asensio* zu den meistverkauften Weinen. Der »Crianza« des »Campo Viejo« ist noch zu den Billigprodukten der Bodega zu rechnen, trotzdem verfügt er über ein erstaunliches Qualitätsniveau. Einige robuste »Reservas« und »Gran Reservas«, insbesondere der 70er, 75er und 78er Jahrgang, stellen so manches Gewächs renommierter Bodegas in den Schatten.

Eine Klasse für sich ist der »*Marqués de la Villamagna*«, ohne Übertreibung sicher einer der besten Rioja-Weine überhaupt. Er besteht zu 90 Prozent aus Tempranillo-Mosten und wird ausschließlich als »Gran Reserva« zunächst in Eichenfudern und schließlich in »barricas« aus französischer Limousin-Eiche ausgebaut. Nach den mittlerweile schon legendären 70er und 73er Jahrgängen folgten die beinahe ebenso guten 75er und 78er, bei denen die Zeit des Faßausbaus allerdings etwas reduziert wurde.

Bodegas Carlos Serres, S.A., Haro (La Rioja)

Die *Bodegas Carlos Serres* gingen bereits im vergangenen Jahrhundert direkt aus einer französischen Weinhandelsgesellschaft hervor. Charles Serres beschloß 1896, nicht nur mit fremdem Wein zu handeln, sondern auch eigenen herzustellen.

Während die Weiß-, Rosé- und auch die »Crianza«-Rotweine guter Durchschnitt sind, können sich die »Reservas« unter dem Namen *Carlomagno* durchaus schmecken lassen. Der 1978er besitzt eine wunderschöne kirschrote Farbe und ein feines Vanillebukett. Sehr schön ist auch der *Gran Reserva Carlos Serres,* von dem der 1976er bereits ein sehr reifer Wein mit noch ausgesprochen guter Struktur ist.

Compañía Vinícola del Norte de España (C.V.N.E.), Haro (La Rioja)

Der Firma mit dem Endlosnamen *Compañía Vinícola del Norte de España* hat ganz wesentlich zur Weltgeltung der Rioja-Weine beigetragen. Eine Vielzahl von Auszeichnungen belegen dies sehr eindrucksvoll. Auf die Geschichte des Unternehmens wurde bereits im Textteil eingegangen.

Unter dem Namen *Cune* werden frische, reinsortige Viura-Weißweine und Garnacha-Roséweine abgefüllt. Den gleichen Namen tragen die *Claretes tercer año*, die aus 60 Prozent Tempranillo, 20 Prozent Garnacha tinta, 5 Prozent Mazuela und 15 Prozent Viura bestehen; das Preis-Leistungs-Verhältnis dieser jungen »Crianza«-Weine ist immer sehr gut, allerdings ist ihre Haltbarkeit beschränkt. Deutlich kraftvoller sind die *Cune quinto año*, die in ihrem Charakter im Grunde einer »Reserva« entsprechen. Sehr gut gemacht ist auch der weiße *Monopole*, der neben Viura (80 Prozent) noch kleinere Anteile von Garnacha blanca und Malvasía enthält und nach klassischer Manier im »barrica« ausgebaut wird.

Die schönsten Weine sind die »Reservas« und »Gran Reservas« *Viña Real* und *Imperial*. Erstere sind echte Alavesa-Weine und werden in Elciego, in der Rioja Alavesa, in Burgunder-Flaschen abgefüllt. Demgegenüber stammen die Weine für den »Imperial« ausschließlich aus Rebgärten der Rioja Alta; er ist eleganter und weniger holzbetont. Sowohl der »Viña Real Gran Reserva 1964« als auch der 1968er waren ein Juwel, von dem es heute nur noch ein paar seltene Flaschen gibt. Großartig war auch der 1976er »Imperial«, dessen komplexes Aroma, voller Geschmack und wunderbar langer Abgang ein beredtes Zeugnis von der Qualität dieser Weine ablegt.

Bodegas Corral, S. A., Navarrete (La Rioja)

Die *Bodegas Corral* befinden sich seit ihrer Gründung 1898 durch den Großvater des heutigen Firmenchefs in Privatbesitz. Nach dem Umzug 1974 in die heutigen Gebäude wurde auch die gesamte Ausstattung renoviert, so daß sich moderne Vinifikationsmethoden mit echter Rioja-Tradition verbinden konnten.

Die Bodega bietet eine große Auswahl an Weinen an, von denen diejenigen, die unter dem Markenzeichen *Don Jacobo* vertrieben werden, die bekanntesten sind. Erwähnenswert ist der weiße »Don Jacobo« aus 90 Prozent Viura- und 10 Prozent Malvasía-Trauben: Er hat ein feines Fruchtaroma und zeigt eine äußerst delikate Frische, er sollte allerdings jung getrunken werden. Auch die roten »Reservas« und »Gran Reservas« sind im allgemeinen sehr gut. Der 1978er *Don Jacobo reserva* hat ein sehr attraktives Kräuteraroma und ist wunderbar voll mit einem ungewöhnlich langen Abgang.

Bodegas Domecq, S.A., Elciego (Alava)

Anfang der 70er Jahre begannen sich die Sherry-Barone Domecq (»La Ina«) auch in der Rioja zu engagieren. In der Rioja Alavesa, oberhalb von Elciego, erwarben sie 600 Hektar Rebland und pflanzten vornehmlich Tempranillo und ein wenig Viura. Die Rebenerziehung erfolgte nach französischem Vorbild an Drahtspalieren. Die *Bodegas Domecq* sind mit den modernsten technischen Geräten ausgerüstet und verfügen über etwa 15 000 »barricas«, vorwiegend aus amerikanischer Eiche, sowie eine Lagerkapazität von über einer Million Flaschen.

Der jüngste Rotwein der Bodega kommt in Spanien als *Viña Eguía* auf den Markt und ist guter Durchschnitt. Unter den Namen *Privilegio del Rey Sancho* und *Marqués de Arienzo* werden rote »Crianza«-, »Reserva«- und »Gran-Reserva«-Weine herausgebracht. In manchen Ländern, einschließlich der Bundesrepublik, tragen die gleichen Weine die Etikettenaufschrift *Domecq Domain*. Die »Gran Reserva 1976« ist eine ganz außergewöhnliche Schöpfung: Ein wunderbares Tempranillo-Aroma vermischt sich mit feinen Holztönen, der Geschmack ist voll mit Anklängen an Himbeere und einem langen, intensiven Abgang (30 Monate »barrica« und 60 Monate Flaschenreifung). Keiner der späteren Jahrgänge hat dieses Niveau erreicht, und insgesamt muß man die Domecq-Weine wohl eher in der Mittelklasse ansiedeln, allerdings bekommt man immer sehr solide Qualität für sein Geld.

Bodegas El Coto, S.A., Oyón (Alava)

Die *Bodegas El Coto* wurden 1974 als Privatunternehmen gegründet, jedoch waren sie schon bald unter der Kontrolle einer großen spanischen Bank. Dann wurden sie von Alexis Lichine aus Bordeaux übernommen und gehören heute zum englischen Bier- und Getränkemulti Bass Charrington.

Der »Crianza« *El Coto* besitzt eine recht gute Struktur. Sehr delikate Weine und typische Vertreter der Rioja Alavesa sind auch die »Reserva« *Coto Mayor* und die »Gran Reserva« *Coto de Imaz*. Alle Rotweine sind sortenrein aus Tempranillo-Trauben gekeltert. Der *Coto Mayor 1980* hat ein sehr komplexes Kräuteraroma und ist auf der Zunge wunderbar samtig und ausgeglichen mit intensivem Abgang.

Bodegas Faustino Martínez, S.A., Oyón (Alava)

Die Familie Martínez betrieb bereits um 1860 eine Bodega in der kleinen Ortschaft Oyon. Der heutige Eigentümer, Don Julio Faustino Martínez, der auf eine ungebrochene Familientradition zurückblicken kann, hat aus dem renommierten Unternehmen einen modernen Betrieb gemacht, der als erster in der Rioja einen unter strikter Temperaturkontrolle vergorenen Weißwein hergestellt hat.

Dieser sehr trockene *Faustino V* wird aus Viura-Trauben gekeltert; er besitzt einen delikaten Duft, entwickelt viel Frucht auf der Zunge und sollte jung getrunken werden. Von den Rotweinen sind die »Reserva« *Faustino V* und die »Gran Reserva« *Faustino I* sehr beachtenswert. Beide Weine sind ausgeglichen, fleischig und zeigen viel Frucht und Vitalität. Die »Gran Reserva« beeindruckt zusätzlich durch ihr feines Bukett. Neben den Klassikern der Jahre 1964, 1968 und 1970 waren insbesondere die 73er, 75er und 78er Jahrgänge von großer Qualität. Auch einer der ansprechendsten »Cosechero«-Weine stammt aus der Bodega. Unter dem Namen *Viña Faustino* kommt der junge und intensiv fruchtige, unter Kohlensäure vergorene Wein auf den Markt.

Bodegas Federico Paternina, S. A., Haro (La Rioja)

Das erste, was man bei einem Besuch der *Bodegas Federico Paternina* erfährt, ist, daß sie Ernest Hemingways Lieblingsbodega waren. Nirgendwo sonst in der Rioja liegen Tradition und Fortschritt so dicht beieinander und führen so häufig zu Kontroversen über die Qualität der Weine. Am Beginn der Unternehmensgeschichte steht Don Federico Paternina y Josué, dessen Familie um Ollauri über großen Landbesitz und über eine Kelleranlage in der Stadt verfügte. Bereits 1919 ging die Bodega in anderen Besitz über, jedoch war es die gigantische RUMASA-Holding, die das Image der Bodega in den frühen 70ern vollständig veränderte. Die Weine unter den farbigen Ordensbändern »Banda Azul« (blau), »Viña Vial« (rot), »Banda Rosa« (rosa) und »Banda Dorada« (golden) wurden zur billigen Supermarktmarke, und der Name Paternina erschien aufdringlich alle paar Kilometer auf riesigen Werbeschildern entlang Spaniens Landstraßen. Nach der Übernahme 1985 durch Don Marcos Eguizábal begann man sich wieder etwas mehr auf die ruhmreiche Vergangenheit zu besinnen.

Wand an Wand mit dem immer noch auf Massenproduktion eingestellten modernen Betrieb schlummern in den alten Kellern in Ollauri einige herrliche Weine. Neben den »Gran Reservas« 1975 und 1980 ist die *Reserva Especial 1973* von überragender Qualität. Immer noch einer der großartigsten Weine der Rioja ist der *Conde de los Andes*; der 1968er wurde fünf Jahre in der »barrica« und über 14 Jahre in der Flasche ausgebaut und ist als sortenreiner Tempranillo eine der ganz großen Rioja-Spezialitäten.

Bodegas Franco-Españolas, S.A., Logroño (La Rioja)

Wie der Name schon verrät, sind die *Bodegas Franco-Españolas* französischen Ursprungs. 1890 begann Frédérique Anglade, ein Kaufmann aus Bordeaux, in Logroño mit einer Bodega, aus der 1901 die »Franco-Españolas« hervorgingen. Gekrönte Häupter und viele Berühmtheiten aus Politik und Gesellschaft gehörten zu den begeisterten Kunden dieser traditionsreichen Bodega. Als 1973 der Riesenkonzern RUMASA einstieg, begann der Niedergang, von dem man sich bis heute nicht vollständig erholt hat. »Billig und viel« war für lange Zeit die Devise; auch nach der Übernahme durch Paternina zeichnet sich noch kein wirklich neues Profil ab.

Der letzte große »Gran-Reserva«-Wein aus der Blütezeit, der in den Kellern in Logroño heranreifen konnte, war der *Royal – Tête de Cuvee 1970*, ein eleganter Klassiker der Rioja Alta mit einem sehr hohen Graciano-Anteil. Sein Vorgänger aus dem Jahre 1968 verfügt über noch etwas mehr Fülle. Einer der wertvollsten Weine Spaniens ist heute die »Gran Reserva« *Excelso 1964*, die leider nur noch sehr schwer zu bekommen ist.

Bodegas Granja Nuestra Señora de Remelluri, S.A., Labastida (Alava)

Mit 2250 Hektoliter Wein pro Jahr ist das Gut (Granja) Remelluri einer der kleinsten exportierenden Betriebe in der Rioja. Die Trauben der *Granja Nuestra Señora de Remelluri* stammen ausschließlich aus den eigenen 50 Hektar umfassenden Rebgärten in der Umgebung, und man stellt nur eine einzige rote Reserva her.

Der 1984er *Remelluri* aus 80 Prozent Tempranillo und 20 Prozent Viura ist ein eleganter Wein mit schönem Bukett und viel Tannin. Die Verfügbarkeit aller »Remelluri«-Weine ist limitiert.

Bodegas La Rioja Alta, S.A., Haro (La Rioja)

Don Felipe Puig de la Bellacasa gründete zusammen mit einer Gruppe von Geschäftsleuten im Jahre 1890 die Sociedad Vinícola de la Rioja Alta. Einer der ersten Aktionäre, Don Alfredo Ardanza y Sanches, war der Namensgeber für den erfolgreichsten Wein der Bodega, den roten *Viña Ardanza*. Die *Bodegas La Rioja Alta* sind zu den traditionellen Bodegas zu rechnen, die viel Wert auf den Holzausbau legen.

Die jungen, frischen Weißweine erscheinen unter dem Namen *Viña Arana*, während die weiße, klassisch eichenbetonte »Reserva« mit der

Etikettenbezeichnung *Metropol* auf den Markt kommt. Der Rosé *Vicuana* ist zwar nicht in der »barrica« gereift, jedoch mindestens zehn Monate im Tank und ein weiteres Jahr in der Flasche; es ist ein charaktervoller, sehr ungewöhnlicher Rosé von großer Haltbarkeit. Unter den Roten ist der *Viña Alberdi* ein ansprechender »Crianza«- und der *Viña Arana* ein tiefer und reifer »Reserva«-Wein.

Das Aushängeschild der Bodega ist der »Viña Ardanza«, eine weiche, charaktervolle und ausgesprochen harmonische »Reserva« in einer Burgunder-Flasche. Die Krönung sind die »Gran Reservas« unter dem Namen *Reserva 904* und *Reserva 890*. Beide werden nur in sehr guten Jahren erzeugt und kommen erst nach 10 bzw. 15 Jahren Faß- und Flaschenreifung auf den Markt. Die »Reserva 890« von 1968 ist ein wunderbar tiefer und noch quicklebendiger Wein mit einem äußerst vielfältigen Aroma.

Bodegas Lagunilla, S.A., Fuenmayor (La Rioja)

Don Felipe Lagunilla San Martín gründete 1885 in Cenicero eine Bodega, die es bald zu hohem Ansehen brachte. Er war übrigens der erste, der in der Rioja während der Reblausplage amerikanische Unterlagsreben einführte. Nach einer wechselvollen Geschichte landete die Firma in den Händen der Sherry-Hersteller Croft und gehört damit zum britischen Getränkemulti International Distillers and Vintners.

Mit der *Gran Reserva 1973* gelang ein großer Wurf. Auch der *Viña Herminia*, eine sortenreine »Reserva« aus Tempranillo, ist bemerkenswert; der 75er hat einen schönen Ziegelton und ein sauberes Bukett mit delikatem Holz, auf der Zunge zeigt er sich voll und gut strukturiert mit persistierendem Abgang.

Bodegas Lan, S.A., Fuenmayor (La Rioja)

RUMASA machte aus den 1974 gegründeten *Bodegas Lan* eine der modernsten Anlagen in der Rioja. Seit 1985 gehört die Bodega zum Imperium des Marcos Eguizábal und ist somit mit den Bodegas Franco-Españolas und Paternina verschwägert. Die Weine von Lan sind durchweg von guter und solider Qualität. Die jüngeren kommen unter den Namen *Lan* oder gelegentlich *Lambros* auf den Markt. Die Weißen sind aus 100 Prozent Viura und die Rosés aus 100 Prozent Garnacha tinta komponiert, während die Roten immer eine Coupage aus Tempranillo, Garnacha und Mazuela darstellen. »Reservas« und »Gran Reservas« werden unter den Namen *Viña Lanciano* und *Lancorta* angeboten. Die

Die Bodegas R. Lopez de Heredia Viña Tondonia
in Haro (oben) und der Eingang zu den Bodegas
Riojanas in Cenicero (unten).

Das alte Gebäude der »Real Sociedad de Cosecheros de La Rioja« in Fuenmayor.

elegante und sehr feine »Gran Reserva« 1975 fiel besonders durch ihre seidige Struktur auf.

Bodegas López Agós y Cía. (Marqués del Puerto), Fuenmayor (La Rioja)

Eine kleine, 1973 von einer Handvoll Winzern gegründete Firma in den Außenbezirken von Fuenmayor.

Die jungen Weiß-, Rosé- und »Crianza«-Rotweine sind nichts Besonderes und guter Durchschnitt. Unter den »Reservas«, die mit dem *Marqués-del-Puerto*-Etikett versehen werden, ragt die »Gran Reserva« 1973 hervor: ein geschliffener Wein von großer Intensität und bewundernswerter geschmacklicher Komplexität. Aus dem gleichen Jahr stammt eine »Gran Reserva« unter dem Namen *Señorio Agos*, die eine andere Coupage ist und nicht ganz die Fülle der ersteren erreicht. Gute Jahre für den »Marqués del Puerto« waren auch 1976, 1980 und 1981.

Bodegas Marqués de Murrieta, S. A., Ygay, Logroño (La Rioja)

Auf die Bedeutung der 1848 vom Herzog de la Victoria gegründeten Bodega, deren erster Kellermeister der später geadelte Luciano de Murrieta war, wurde im Textteil bereits ausführlich hingewiesen. Auch heute noch gehört ein Teil des Unternehmens den Erben der Familie, und man ist der Winzertradition seit den Gründungstagen treu geblieben. Etwa 50 Prozent der zur Weinbereitung notwendigen Trauben stammen aus den Rebgärten des Gutes Ygay, die übrigen werden unter striktester Qualitätskontrolle von den kleinen Weinbauern in der direkten Nachbarschaft bezogen.

Sämtliche Weine, die die Bodega auf den Markt bringt, sind, ganz im Sinne des ersten Marqués de Murrieta, in Holz ausgebaut. Dies gilt auch für den Rosé, der dadurch einen ganz eigenartigen und schwer zu beschreibenden Charakter erhält. Die Weißweine, von denen der älteste noch lieferbare ein 1962er *Castillo Ygay* ist, sind von schöner goldgelber Farbe und besitzen ein feines, mehr oder weniger ausgeprägtes Vanillearoma. Auch bei den ältesten Kreszenzen findet man noch deutliche Frucht. Neben der Viura (95 Prozent) enthalten die Weißweine noch eine kleine Menge der Malvasía (5 Prozent). Der jüngste Rotwein der Bodega ist der *Etiqueta Blanca,* der vier bis sechs Monate im Fuder, 24 bis 30 Monate in der »barrica« und sechs bis zwölf Monate in der Flasche verbringt, bevor er zum Verkauf gelangt. Dies ergibt bei anderen Bodegas bereits eine »Reserva«. Entsprechend lang sind die Ausbauzeiten der »Reservas« von Murrieta. Die 1970er »Gran Reserva« verbrachte z. B. ein volles Jahrzehnt in »barricas«. Für den großen, roten *Castillo Ygay*, die außerordentlich kostbare »Gran Reserva«, gibt es nur sehr wenige Jahrgänge, die für den Ausbau als gut genug befunden werden; die letzten waren 1917, 1925, 1934, 1942 und 1968.

Bodegas Martínez Bujanda, S.A., Oyón (Alava)

Die Geschichte der *Bodegas Martínez Bujanda* ist die Geschichte einer dynamischen Familie, deren Erfolg als Weinproduzenten im Jahre 1890 mit Don Joaquín Martínez und seinem kleinen Unternehmen in Oyón begann. Kaum ein Jahrhundert später ist daraus der modernste Betrieb der Rioja geworden, in dem so gut wie alle heute verfügbaren Technologien zur Weinbereitung vorhanden sind.

Die Weiß- und Roséweine sind immer jung, ohne Faßausbau und haben sich Frische und Frucht bewahrt. Noch eindrucksvoller ist der sortenreine, junge Rotwein (»Sin Crianza«) aus Tempranillo, der mittels der »macéracíon carbonica« hergestellt wurde. Sein fruchtiges Aroma, das an Brombeere erinnert, und sein runder Körper machen ihn zu einem perfekten »Cosechero«-Wein. Alle jungen Weine von Bujanda erscheinen unter dem Namen *Valdemar*. Nicht minder ansprechend sind die »Reservas« und »Gran Reservas«, die unter dem Namen *Conde de Valdemar* auf den Markt kommen. Der 1975er ist ein außerordentlich lebendiger Wein mit einer Spur Tannin und schönem Holz in Aroma und Geschmack, er hat sicher noch eine große Zukunft. Gute Weine brachten auch die Jahrgänge 1976 und 1980.

Bodegas Martínez Lacuesta, S.A., Haro (La Rioja)

Die Bodega wurde 1895 von Don Felix Martínez Lacuesta im Stadtzentrum von Haro gegründet. Don Felix war ein angesehener Bürger seiner Stadt und verfügte über gute Geschäftsverbindungen, die dem Vertrieb seiner Weine zugute kamen. Der Export nach Lateinamerika war in den Anfangsjahren der Hauptumsatz. Noch heute befindet sich die Firma *Bodegas Martínez Lacuesta* in Familienhänden und produziert Weine nach traditioneller Art. Die alte Bodega hat ihren Charakter aus der Gründerzeit bewahrt, allerdings haben sich die Vinifikationsmethoden mittlerweile auch den modernen technologischen Möglichkeiten angepaßt. Die jährliche Gesamtproduktion liegt bei etwa 14 000 Hektolitern und in 7000 »barricas« reifen die berühmten Rotweine in den erheblich erweiterten Kellern der Bodega.

Der qualitative Schwerpunkt liegt eindeutig auf den faßgereiften Rot--

weinen. Der *Campeador* ist eine sehr charaktervolle »Reserva« mit einem ungewöhnlich hohen Garnacha-Anteil. Der 1984er ist ein kirschroter, brillanter Wein mit attraktiven Frucht- und Gewürztönen. Die »Gran Reservas« (*Martínez Lacuesta*), die teilweise als *Reserva Especial* ausgewiesen werden, sind sehr elegante, gelegentlich sogar etwas leicht anmutende Vertreter der Rioja Alta; großartige Weine waren die 1970er, 1973er und 1976er.

Bodegas Montecillo, S.A., Navarrete (La Rioja)

Die alte, traditionsreiche Bodega der Familie Navajas in Fuenmayor, die den Namen des Weinberges Monte Cillo trug, wurde im Jahre 1973 von dem Sherry- und Brandy-Giganten Osborne aufgekauft. Schon bald entstand an der Straße nach Navarrete, etwa drei Kilometer südlich von Fuenmayor, ein riesiger neuer Komplex, in dem heute unter Verwendung der modernsten Methoden der Wein der *Bodegas Montecillo* bereitet wird.

Als *Viña Cumbrero* wird ein fruchtiger, frischer Weißwein aus Viura sowie ein ansprechender »Crianza«-Rotwein (80 Prozent Tempranillo und 20 Prozent Mazuela) herausgebracht. Das Flaggschiff der Bodega ist jedoch die »Reserva« *Viña Monty*. Dieser wird ausschließlich aus Tempranillo-Mosten zusammengestellt; der 1981er ist eine sehr feine und delikate Schöpfung, die nach 30 Monaten »barrica«- und 36 Monaten Flaschenausbau auf den Markt kam.

Bodegas Muga, S.A., Haro (La Rioja)

Don Isaac Muga, Sohn des Gründers der Bodega, ist ein begeisterter Weinfreund, und der zusammen mit seinem Bruder Don Manuel geführte Betrieb stellt ein wahres Juwel dar. Mit 14 Angestellten produziert das Unternehmen im Jahr nur etwas mehr als 300 000 Flaschen Wein, wovon über 90 Prozent Rotwein sind. In den *Bodegas Muga* geht es ganz traditionell zu: Alle Behälter, einschließlich der Gärbottiche, sind aus amerikanischer oder französischer Eiche. Man verfügt über ein paar hundert »barricas«, in denen die Weine reifen. Die Schönung aller Rotweine findet noch mit der klassischen Hühnereiweiß-Methode statt. Muga bezeichnet sich selbst als »handwerklichen« Betrieb, und der Stolz verbietet es, auf Weinmessen oder anderswo bei Verköstigungen mit den übrigen Bodegas in Konkurrenz zu treten.

Die Bodega stellt einen frischen Weißwein aus Viura-Trauben sowie einen ganz ansprechenden Roséwein aus Viura, Garnacha und Tempranillo (mit der Etikettenaufschrift *Almendora*) her. Diese Weine sind jung zu trinken. Neben dem roten »Crianza«, der unter dem Namen *Muga* läuft, gibt es noch die »Reservas« bzw. »Gran Reservas« *Prado Enea*. Die ersteren sind meist recht leicht und sehr elegant, während die letzteren körperreich und samtig erscheinen. Für beide ist ein sehr schönes Tempranillo-Bukett charakteristisch. Erwähnenswerte Weine waren der 1970er und 1978er »Prado Enea«. Als Besonderheit produziert die Bodega übrigens noch kleine Mengen eines weißen Schaumweins »méthode champenoise« unter dem Namen *Conde de Haro*.

Bodegas Murua, S. A., Elciego (Alava)

Das aus einem kleinen Familienbetrieb hervorgegangene Unternehmen verfügt über 15 Hektar eigenes Rebland, modernste Technologie und ca. 2000 »barricas«.

Es werden in den *Bodegas Murua* ausschließlich sorgfältig ausgebaute Rotweine aus 100 Prozent Tempranillo unter dem Namen *Murua* produziert. Neben den seltenen »Gran Reservas« 1970 und 1975 ist vor allem der »Crianza« 1978 erwähnenswert. Dies ist ein sehr gut entwickelter Wein mit einem intensiven Aroma und einer sehr komplexen Struktur. Wie alle Weine der Bodega verbrachte auch dieser drei Jahre in der »barrica«.

Bodegas Olarra, S. A., Logroño (La Rioja)

Der baskische Geschäftsmann Luis Olarra hatte sich seinerzeit vorgenommen, das modernste Unternehmen der ganzen Branche zu bauen, und mit Hilfe des Architekten Juan Antonio Ridruejo entstanden schließlich 1972 nach dem Vorbild kalifornischer »Wineries« die *Bodegas Olarra*. Auf 18000 Quadratmetern stehen die modernsten Anlagen, und man könnte angesichts der imposanten, elektronisch gesteuerten Technik beinahe vergessen, daß man sich in einer Bodega im Herzen der Rioja befindet, wären da nicht noch die 25000 »barricas«, in denen die Weine reifen. Bei der Weinbereitung hat man sich von der Tradition entfernt und den Blick über die Grenze nach Bordeaux gerichtet: Die Faßreifung wird zugunsten der Flaschenreifung auf ein Minimum beschränkt.

Die Bodega stellt ein breites Spektrum an Weinen her, es reicht von jungen Weiß-, Rosé- und Rotweinen ohne Faßausbau bis hin zu den roten »Gran Reservas«. Alle Weine sind, jeweils in ihrer Kategorie, gut gemacht und von hoher Qualität. Erwähnenswert sind besonders die »Reservas« und »Gran Reservas« unter den Namen *Añares* und *Cerro Añon*. Erstere werden in Bordeaux-Flaschen abgefüllt und sind tatsächlich auch deutlich schlanker als der volle, gut strukturierte »Cerro Añon« in der Burgunder-Flasche.

Bodegas Palacio, S. A., Laguardia (Alava)

1863 von der Familie Palacio in der Hauptstadt der Rioja Alavesa gegründet, gehören die *Bodegas Palacio* zu den ältesten der gesamten Region. In den frühen 70er Jahren dieses Jahrhunderts übernahm der kanadische Getränke-Multi Seagrams die Bodega und modernisierte sie von Grund auf. Heute werden sowohl traditionelle als auch »neue« Weine hergestellt.

1984 wurde das Unternehmen bei einer Getränkemesse mit einem ersten Preis für seine jungen, frischen Weiß-, Rosé- und Rotweine, die unter dem Namen *Castillo Rioja* (oder auch *Palacio*) in den Handel gelangen, ausgezeichnet. Von guter Qualität sind auch die ausschließlich aus Tempranillo-Mosten gemachten »Reservas« bzw. »Gran Reservas« (unter dem Namen *Glorioso* vermarktet).

Bodegas Palacios Remondo, S. A., Logroño (La Rioja)

Die alte Familienfirma *Bodegas Palacios Remondo* ist nicht mit den Bodegas Palacio in Laguardia zu verwechseln. Das Stammhaus befindet sich in Alfaro in der Rioja Baja, wo auch ein elegantes, bodegaeigenes Restaurant betrieben wird. Ein zweiter Betrieb befindet sich in Logroño. Der Gründer und Seniorchef der Bodega ist Don José Palacios Remondo. Mit einer Produktion von 15000 Hektolitern gehört das Unternehmen mengenmäßig zur Mittelklasse in der Rioja.

Man produziert Weiß-, Rosé- und Rotweine von recht guter Qualität, insbesondere sind die frischen, jungen und ohne Holz ausgebauten Weine unter dem Namen *Herencia Remondo* erwähnenswert. Unter den roten klassischen Rioja-Weinen war die »Gran Reserva 1978« besonders fein und ausgeglichen.

Bodegas R. López Heredia Viña Tondonia, S. A., Haro (La Rioja)

Die Firma *R. López Heredia Viña Tondonia* ist mehr als nur eine sehr angesehene und berühmte Bodega, sie ist zum Symbol für die traditionelle und klassische Weinbereitung in der Rioja geworden. Hier gibt es keinen Edelstahl und kein Plastik. Der Besucher der Bodega, mit ihrem berühmten Jugendstilturm als Wahrzeichen, vergißt gelegentlich die Gegenwart und glaubt sich an die Jahrhundertwende versetzt. Über die Geschichte des Unternehmens wurde bereits im Textteil ausführlich berichtet; noch heute befindet es sich in den Händen der Gründerfamilie, die sich unverändert der Tradition verpflichtet fühlt. Jährlich verlassen im Schnitt 1,2 Millionen Flaschen die Bodega. Die Trauben stammen weitgehend aus den eigenen Rebgärten, die so wohlklingende Namen wie »Viña Tondonia«, »Viña Bosconia«, »Viña Cubillo« und »Viña Zaconia« tragen. Sie haben auch den Weinen ihre Namen gegeben, jedoch bezeichnen sie nicht, wie man vermuten könnte, Einzellagen.

Der jüngste Rotwein ist der *Cubillo*, ein »Crianza«-Wein von gewisser Eleganz. Als *Bosconia* werden weiche und recht volle Weine in Burgunder-Flaschen gefüllt, denen gegenüber nimmt sich der *Viña Tondonia* beinahe herb und kantig aus. Sowohl vom »Bosconia« als auch vom »Tondonia« gibt es verschieden lange Lagerzeiten, entsprechend werden die Weine vom Consejo Regulador vom »Crianza« zur »Gran Reserva« eingestuft. Weinfreunde, die zum erstenmal Kontakt mit jüngeren Jahrgängen von López de Heredia haben, sind gelegentlich enttäuscht, denn die Weine können noch sehr verschlossen wirken. Im Laufe der Jahre entwickeln sie sich jedoch in der Flasche. Dagegen sind die Weißen *Viña Gravonia* und *Viña Tondonia* immer ein großes Erlebnis. Trotz ihrer langen Lagerung und deutlichen Eichennase sind sie frisch geblieben und lassen noch eine feine Frucht erkennen.

Bodegas Ramón Bilbao, S.A., Haro (La Rioja)

Das kleine, außerhalb Spaniens nur wenig bekannte Unternehmen *Bodegas Ramón Bilbao* wurde 1924 von Don Ramón Muga gegründet und ging knapp ein halbes Jahrhundert später in die Hände der baskischen Familie Arrate über, die es im traditionellen Stil weiterführt. Die Bodega verfügt mittlerweile über moderne Vinifikationsanlagen und etwa 4500 »barricas«.

Neben einem frischen Weißwein aus Viura und einem relativ hohen Malvasía-Anteil (*Monte Blanco*) produziert man schwerpunktmäßig Rotweine. Der *Vino Joven* ist ein sortenreiner Tempranillo ohne Holzausbau, der jung getrunken werden muß. Gute Weine mit verschieden langer Zeit in der »barrica« sind auch der *Monte Llano*, der *Monte Seco* und der *Monte Rojo*. Das Flaggschiff ist der *Viña Turzaballa*, eine »Gran Reserva« aus 90 Prozent Tempranillo mit nur knapp zweieinhalb Jahren »barrica«, dafür aber fünf Jahren Flaschenausbau. Ein sehr sauberer und eleganter Wein ist der 1980er »Viña Turzaballa«, dessen geschmackliche Fülle und Ausgeglichenheit vollständig überzeugen.

Bodegas Real Junta, S.A., Fuenmayor (La Rioja)

Die *Bodegas Real Junta* sind ein kleiner, Mitte der 70er Jahre von Don Ignacio García Asensio gegründeter Betrieb, der nur Rotweine herstellt. Die Moste stammen vorwiegend aus den eigenen, etwa 20 Hektar großen Rebgärten rund um Fuenmayor.

Sämtliche Weine werden in »barricas« aus amerikanischer Eiche, von denen die Bodega über knapp 1000 Exemplare verfügt, ausgebaut, wobei die »Crianza« zwölf und die »Reserva« 24 Monate dort verweilen und dann noch einmal die jeweils gleiche Zeit in der Flasche ruhen, bevor sie unter dem Namen *Real Junta* auf den Markt kommen. Sämtliche Weine sind von guter Qualität und mit viel Sorgfalt gepflegt. Ein besonderer Wein ist die *Reserva 1981*, deren feines Vanillearoma mit einem gut ausgereiften und schön strukturierten Körper harmoniert.

Bodegas Riojanas, S. A., Cenicero (La Rioja)

Die schöne, alte Bodega befindet sich mitten im Zentrum von Cenicero, und der berühmte »Monte Real«, ein von alters her bekannter Rebgarten, ist nicht weit davon entfernt: etwas außerhalb der Stadt an der Straße nach Elciego. Die Firma *Bodegas Riojanas* wurde während des großen Rioja-Booms 1890 von dem Katalanen Rafael Carreras Pico gegründet. Später übernahm die Familie Artacho das Unternehmen, und bis heute ist es ein Familienbetrieb geblieben. Heute verfügt man über die modernsten technischen Einrichtungen und über etwa 15 000 »barricas«. Eine Besonderheit der Bodegas Riojanas ist, daß teilweise noch die alten Gärmöglichkeiten im »lago« benutzt werden, die den Weinen einen ganz eigenen, fruchtigen Charakter verleihen.

Die Skala der Weine, die in der Bodega hergestellt werden, reicht von jungen, frischen Weiß-, Rosé- und Rotweinen (unter dem Namen *Canchales*) über den guten roten »Crianza« *Puerta Vieja* zu den großartigen »Reservas« und »Gran Reservas« der Marken *Monte Real* und *Viña Albina*. Der »Monte Real« wird in eine Burgunder-Flasche abgefüllt und entspricht im Stil einem vollen und recht eichenbetonten Alavasa-Wein. Der »Viña Albina« in der Bordeaux-Flasche ist leichter, eleganter, und bei ihm setzt man auf Flaschenalterung. Beide Weine sind sehr lagerfähig, und die großen Jahrgänge wie 1964, 1970, 1973, 1975 und 1978 haben bereits Sammlerwert. Zum 100jährigen Jubiläum 1990 erscheint vom »Monte Real« und vom »Viña Albina« eine *Gran Reserva Primer Centenario* des Jahrganges 1978, auf die man mit Recht gespannt sein darf. Von den jüngeren »Reservas« sind die 1982er und 1983er »Monte Real« und »Viña Albina« besonders hervorzuheben.

Bodegas Rioja Santiago, S.A., Haro (La Rioja)

Die *Bodegas Rioja Santiago* gehen zurück auf Don Angel de Santiago, der sie 1904 in Haro erbaute. Nachdem in den 50er Jahren die Geschäfte mit einem trinkfertigen »Sangria« (einer Mischung von Rotwein, Orangensaft, Zucker und Zitronensäure) insbesondere in den USA enorme Ausmaße annahmen, stieg Pepsi-Cola ins Geschäft ein und ist seither Eigentümer der Bodega. Der Betrieb wird allerdings weiterhin von Spaniern geleitet.

Unter den Namen *Gran Condal* und *Vizconde de Ayala* werden Weiß-, Rosé- und Rotweine vermarktet. Erwähnenswert sind die roten »Reservas« und »Gran Reservas«, die aus einer Coupage von durchschnittlich 80 Prozent Tempranillo und 20 Prozent Garnacha tinta hergestellt werden.

Bodegas Sierra Cantabria, S.A., San Vicente de la Sonsierra (La Rioja)

Der relativ kleine, 1957 gegründete Betrieb *Bodegas Sierra Cantabria* steht unter der Leitung von Don Marcos Eguren, der die Entwicklung des Unternehmens dynamisch vorantreibt. Obwohl bislang nur 5000 Hektoliter Wein pro Jahr hergestellt werden, besitzt die Bodega bereits 250 Hektar Rebland in der Rioja Alavesa.

Der schönste Wein ist ein »Cosechero«-Typ mit dem Namen *Murmuron*. Unter dem Etikett *Sierra Cantabria* werden einige hochklassige »Reservas« und »Gran Reservas« angeboten. Die »Gran Reserva« 1973 hat einen gut strukturierten, ausgeglichenen Körper und einen herrlich langen Abgang.

Union Viti-Vinícola, S.A., Cenicero (La Rioja)

Seit seiner Gründung 1970 ist die Entwicklung des Unternehmens *Union Viti-Vinícola* ein stürmischer Erfolg, der untrennbar mit dem Namen Enrique Forner verknüpft ist. Er kam aus Frankreich, wo er mit seinem Bruder bereits im Weinbau und -handel tätig war, und verwirklichte in Cenicero seinen Traum vom »modernen« Rioja-Wein. Der Marqués de Caceres übernahm einige der Unternehmensaktien und gab dafür seinen Namen für die zukünftigen Weine.

Mit Hilfe des angesehenen Önologen Prof. Emile Peynaud wurde eine Bodega gebaut, die seinerzeit die modernste in der Rioja war und deren frische und fruchtige Weiß- bzw. Roséweine (unter dem Namen *Marqués de Caceres*) sich rasch durchsetzten. Die roten *Marqués de Caceres* werden als reinsortige Tempranillo-Weine ausgebaut, wobei der Schwerpunkt auf der Flaschenlagerung liegt. Neben den meist tadellosen

»Crianza«-Weinen gibt es »Reservas« und gelegentlich sogar »Gran Reservas«, die sich nicht durch die Dauer ihrer Faßlagerung, sondern lediglich ihres Flaschenausbaus voneinander unterscheiden. Ein sehr guter Tropfen war der 1981er »Reserva«, mit Fruchtcharakter und komplexem Aroma, feinem Tannin und einem Hauch von angenehmer Säure.

Viña Salceda, S. A., Elciego (Alava)

Die kleine und schmucke Bodega *Viña Salceda* wurde 1973 von einer Winzergruppe in der Rioja Alavesa gegründet. 7000 Hektoliter Rotwein verlassen im Durchschnitt die Firma pro Jahr. Mit modernster Ausrüstung und 6500 »barricas« aus amerikanischer Eiche ausgestattet, sind die Voraussetzungen für qualitativ hochstehende Weine gegeben.

Als *Viña Salceda* kommt ein sehr guter »Crianza« aus 90 Prozent Tempranillo und 10 Prozent Viura auf den Markt. Die »Gran Reserva« *Conde de la Salceda* gehört zu den Spitzenreitern in Spanien. Der 1981er ist ein eleganter Wein mit einem schönen Kaffeearoma, einem ausdrucksvollen Körper und feinen Zimttönen im Abgang.

Viñedos del Contino, S. A., Laguardia (Alava)

Im Jahre 1974 kauften die Sociedad Vinícola Laserna und die Firma C.V.N.E. das Weingut San Rafael in Laserna. In dem umliegenden, 41 Hektar großen Rebgarten namens *Viñedos del Contino* wurden Tempranillo, Mazuela und Graciano gepflanzt. Mittlerweile verlassen jährlich etwa 1250 Hektoliter »Reserva«-Wein die Bodega, die über 1300 »barricas« aus Limousin- bzw. amerikanischer Eiche verfügt. Da die Trauben aus genau definierten Lagen stammen und man sich auch bei der Weinbereitung an die Methoden, wie sie an der Gironde üblich sind, hält, nennt man die Produkte der Bodega selbstsicher die ersten Châteaux-Weine der Rioja.

Der *Contino* ist ein sehr voller, fruchtiger Wein mit Betonung der Flaschenreifung. Vielleicht ist er nicht mehr ein ganz typischer Vertreter der Rioja, aber sein Charakter ist außerordentlich ansprechend.

Vinos de los Herederos del Marqués de Riscal, S. A., Elciego (Alava)

Wie der Name der Bodega bereits zum Ausdruck bringt, gehört sie auch heute noch den Erben (herederos) des Marqués de Riscal, jenes Pioniers, der zusammen mit Jean Pineau französische Vinifikationsmethoden in die Rioja brachte. Die Geschichte der Bodega *Vinos de los Herederos del*

Marqués de Riscal ist im Textteil ausführlich dargestellt. Noch aus den ersten Jahren der Bodega stammen einige Rebstöcke der Cabernet Sauvignon und der Merlot, die heute in den »Reservas« einen kleinen Anteil der Coupage bilden. Die Weine zeichnen sich durch sehr große Haltbarkeit aus, und Jahrgänge aus der ersten Hälfte dieses Jahrhunderts, die noch in den Kellern der Bodega liegen, sind erstaunlich frisch und lebendig geblieben. Ebenso der Tradition verpflichtet wie die anderen Aristokraten der Gründerjahre, bringt Marqués de Riscal den jüngsten Wein erst im vierten Jahr nach der Ernte auf den Markt.

Insgesamt sind die Weine immer elegant, relativ leicht und sehr stilvoll, das Holz ist niemals dominierend, und gelegentlich springt das feine Tempranillo-Aroma hervor. Leider sind die letzten Jahrgänge nicht mehr ganz befriedigend, ein fremdartiges Bukett und ein nicht ganz sauberer Geschmack trübten den Genuß. Riscal stellt in der Rioja keine Weißweine her. Man hat im Weinbaugebiet von Rueda, ebenfalls unter dem Namen *Marqués de Riscal*, begonnen, fruchtige und sehr charaktervolle Weine aus der gebietstypischen weißen Verdejo-Traube zu keltern.

Glossar

Alfaro: Bedeutendster Weinort in der → Rioja Baja.

Barrica: 225 Liter fassendes Eichenholzfaß für den Weinausbau (franz.: barrique).

Cenicero: Weinort in der → Rioja Alta.

Clarete: Hellere Rotweine, häufig mit einem hohen Anteil der → Garnacha tinta.

Consejo Regulador de la Denominación de Origen Rioja: Staatliche Kontrollbehörde, die über Rebsorten und deren Herkunft sowie Weinanbau- und Weinbereitungsmethoden in der Rioja wacht.

Cosechero: span.: Winzer.

Cosechero-Wein: Mit traditionellen Vinifikationsmethoden hergestellter, junger Wein vornehmlich aus der → Rioja Alavesa (→ Macération carbonica).

Crianza: Weine mit Holzfaßausbau. Vom → Consejo Regulador sind insgesamt 2 Jahre Mindestausbau vorgesehen, davon bei Rotweinen 1 Jahr im → barrica (Weißweine 6 Monate) und 6 Monate in der Flasche. 37 Prozent aller Rioja-Weine fallen in diese Kategorie.

Cuzcurrita del Rio Tirón: Weinort in der Rioja Alta.

Denominación de Origen (Abk.: D.O.): Garantierte Herkunftsbezeichnung, vergleichbar mit der A.O.C. (Appellation d'Origine Controllée) in Frankreich.

Fuenmayor: Berühmter Weinort in der → Rioja Alta.

Garnacha blanca: Weiße Variante der → Garnacha tinta, ist in der Rioja im Aussterben begriffen.

Garnacha tinta: Weitverbreitete, rote Rebsorte mit relativ geringem Farbstoffgehalt. In der Rioja besonders bei der Herstellung von → Clarete und → Rosado benutzt.

Gran Reserva: Weine der besten Qualität mit Holzfaßausbau. Vom → Consejo Regulador ist ein Mindestausbau von 5 Jahren vorgesehen, davon für Rotweine 2 Jahre im → barrica (Weißweine 6 Monate) und 2 Jahre in der Flasche. 4 Prozent aller Rioja-Weine fallen in diese Kategorie.

Haro: Bedeutender Weinort in der → Rioja Alta. In seinem »Barrio de la Estación (Bahnhofsviertel) liegen einige der traditionsreichsten Bodegas.

La Rioja: Der Name bezeichnete ursprünglich das vom Rio Oja, einem Nebenfluß des Ebro, bewässerte Land. Heute ist La Rioja eine eigenständige, spanische Provinz.

Labastida: Weinort und Hauptstadt der → Rioja Alavesa.

Logroño: Hauptstadt der Provinz La Rioja und bedeutendes Zentrum für den Weinhandel.

Nájera: Weinort in der → Rioja Alta.

Reserva: Weine guter Qualität mit Holzfaßausbau. Vom → Consejo Regulador ist ein Mindestausbau von 3 Jahren vorgesehen davon, für Rotweine 1 Jahr im → barrica (Weißweine 6 Monate) und 1 Jahr in der Flasche. 7 Prozent aller Rioja-Weine fallen in diese Kategorie.

Rioja Alavesa: Weinbaugebiet nordöstlich des Ebro. Hauptanbauregion der → Tempranillo. Die Weine sind fruchtig sowie farbstoff- und körperreich.

Rioja Alta: Weinbaugebiet südwestlich des Ebro. Von dort stammen die feinsten und elegantesten Weine.

Rioja Baja: Östlicher Teil der Rioja mit deutlich wärmerem und regenärmerem Klima. Die Weine sind wuchtig und weniger fein.

San Asensio: Weinort in der Rioja Alta, berühmt für seine Roséweine.

Sin crianza: Weine ohne Holzfaßausbau. 52 Prozent aller Rioja-Weine fallen in diese Kategorie.

Tempranillo: Klassische, rote Rebsorte der Rioja. Sie liefert farbintensive, wenig oxydationsanfällige Weine mit charakteristischem Bukett.

Vino de corazón: Bei der Herstellung von → Cosechero-Weinen anfallender Wein mit bemerkenswerter Frische und Frucht.

Vino de lágrima: Wein aus Mosten der ersten Pressung.

Vino de prensa: Nach Abpressen der Rückstände gewonnener, sehr farbintensiver und tanninreicher Rotwein; wird dem → Vino de Yema nach Bedarf zugefügt.

Vino de Yema: Trüber Rotwein, der nach spontanem Absetzen des Tresterhutes vom Gärbehälter abgezogen wird.

Viura: Weiße Rebsorte der Rioja und Grundlage aller Rioja-Weißweine.

Die ECON Gourmet Bibliothek

Ob über die besten Käsesorten, den feinsten Sekt, die exklusivsten Arten, Hummer zu essen – die ECON Gourmet Bibliothek informiert Sie über die edelsten Produkte aus dem Bereich Essen & Trinken. »Mehr Lebensfreude durch kulinarischen Genuß«, ist das Motto des Herausgebers Hans-Peter Wodarz. Und so richtig genießen kann eben nur der Wissende. In kompakter Form erhalten Sie wichtige Informationen über Kulturgeschichte, Herkunftsländer und Qualitäten. Tips, Adressen, Bewertungsskalen und praktische Empfehlungen helfen allen Genießern und Gourmets weiter.

Jeder Band der ECON Gourmet Bibliothek umfaßt ca. 112 Seiten und ist so sorgfältig ausgestattet wie das Buch, das Sie im Moment in den Händen halten: Ein fester Pappband, farbiges Vorsatzpapier, Kaptalbändchen und viele Farbtafeln machen die ECON Gourmet Bibliothek auch für Bücherfreunde zu einem optischen Genuß. Auf den folgenden Seiten sehen Sie, wie viele Bücher zu Gourmetthemen bereits erschienen sind.

ECON Taschenbuch Verlag
Postfach 30 03 21 · 4000 Düsseldorf 30

Peter C. Hubschmid
Beaujolais, Primeur & Co.

Jürgen Lautwein
Espresso, Mokka, Capuccino & Co.

Karl Rudolf
Grappa, Marc & Co.

Karl Rudolf
Portwein

Heide Hartner
Olivenöl & Oliven

Peter Lempert
Austern

Veronika Müller
Hummer, Krabben, Shrimps & Co.

Ingeborg Kunze-Glupp
Trüffel

Peter Hilgard
Sherry

Friedrich Eberle/Christa Klauke
Chianti

Karl Rudolf
Calvados

Jo Volks
Armagnac

Petra Klein
Essig: Aceto Balsamico & Co.

Rudolf Knoll
Sekt

Ingo H. G. Taubert
Lachs

Jürgen Löbel
Parmaschinken & Co.

Heide Hartner
Roquefort, Stilton & Co.

August F. Winkler
Mouton-Rothschild, Latour, Lafite-Rothschild & Co.

Ingo H. G. Taubert
Kaviar

Jürgen Löbel
Mailänder Salami & Co.

Heide Hartner
Lamm

Peter Hilgard
Rioja-Weine

Rudolf Knoll
Mosel-Saar-Ruwer

Karl Rudolf
**Malt, Scotch, Bourbon
& Co.**